MINISTÈRE DE LA GUERRE.

ADDITION AU TITRE VII DU RÈGLEMENT

du 17 avril 1869

SUR LE SERVICE DES BOUCHES À FEU.

INSTRUCTION
SUR LES MANOEUVRES
DE LA CHÈVRE DE PLACE

N° 1 (Modèle 1875),

Approuvée par le Ministre de la Guerre
le 18 septembre 1876.

RENSEIGNEMENTS SOMMAIRES

SUR

LES MOUVEMENTS DE MATÉRIEL

RELATIFS AUX BOUCHES À FEU LOURDES.

PARIS.

IMPRIMERIE NATIONALE.

—

1876.

INSTRUCTION

SUR

LES MANOEUVRES

DE LA CHÈVRE DE PLACE

N° 1 (MODÈLE 1875) [1].

———◆———

ARTICLE PREMIER.

Manoeuvres de la chèvre dressée
sur son pied.

Transporter la chèvre démontée.
Monter la chèvre.
Transporter la chèvre assemblée.
Dresser la chèvre.
Coucher la chèvre.
Équiper la chèvre à deux, à trois, à quatre brins.

---

[1] Tables de construction du 21 mars 1876.

1.

Déséquiper la chèvre.

Manœuvrer la chèvre dressée sur son pied.

1. Il faut un instructeur et douze hommes, dont six servants et six auxiliaires, pour exécuter les manœuvres de la chèvre dressée sur son pied.

L'instructeur et les hommes sont en tenue de travail. Les hommes s'équipent habituellement de sarraux ou de bourgerons en toile, avant de commencer la manœuvre.

L'instructeur forme son peloton en bataille sur deux rangs et prévient les hommes que le premier rang se compose des servants et auxiliaires de gauche, et le second rang des servants et auxiliaires de droite; que la première file, en commençant par la droite, fournit les premiers servants; la seconde file, les seconds servants. Les auxiliaires (lorsqu'on les emploie) forment les files suivantes. Les troisièmes servants occupent toujours la gauche du peloton. Le troisième servant de gauche est chef de manœuvre. C'est toujours un canonnier instruit, et autant que possible un ouvrier.

Les six servants suffisent pour la manœuvre proprement dite de la chèvre dressée; les auxiliaires ne sont employés que pour le transport de la chèvre et de ses agrès et pour dresser ou coucher la chèvre.

2. La chèvre démontée est en général déposée

avec ses agrès dans un magasin ou hangar au matériel.

L'instructeur donne la nomenclature suivante :

Les hanches.
- La tête.
- Le bout.
- Les pointes.
- Les trois boulons-échelons (fixés à la hanche droite).
- Les tenons de manœuvre.
- Les chevillettes de bout d'épars; leurs chaînettes.
- Les sabots de premier épars. — Les boulons; leurs écrous.

Le premier épars...
Le second épars....
Le troisième épars..
Le quatrième épars.

> Le premier épars est le plus grand et se place vers le bout des hanches, au-dessous des sabots. Les trois premiers épars portent sur leur face supérieure deux boulons à clayette pour fixer le monte-charge.

La tête de la chèvre

Les deux plaques de poulies; leurs deux renforts, celui de droite portant une douille.

Les deux poulies de tête de chèvre.

La poulie supérieure.
- La gorge.
- Le boulon; son écrou; son manchon.
- La chape; le crochet d'équipement.

La poulie inférieure.
- La gorge.
- Le boulon; son écrou; son manchon.

L'anneau-entretoise de tête; son écrou; son boulon.

La butée (son piton).
- Le boulon (à piton); son écrou.
- La chevillette (à piton); sa chaînette; sa clavette.

La chevillette de bout de pied; sa chaînette.

Le montc-charge à barbotin	Les deux plaques principales; les équerres supérieures et inférieures.
	Les deux boulons d'assemblage; leurs écrous; leurs manchons.
	Le guide de chaîne (au-dessous du barbotin).
	Le barbotin (ou noix); son axe.
	Les deux disques à double couronne; leurs dents.
	Les deux boîtes de levier; leurs crochets (ou griffes). — Les chevillettes de levier; leurs chaînettes.
	Les dents-de-loup; leurs poignées. — Les arrêts de dents-de-loup.
	Le chasse-chaîne (au-dessus du barbotin).
	Le galet de chaîne (en bronze).
Le pied de la chèvre	Le bout. — La coiffe. — Le piton.
	Les poignées.
	Les tenons de manœuvre.
	La pointe.
Agrès...	**Poulie enchapée simple.** Le rouet; son boulon. L'écharpe; le crochet d'équipement. La chape; les crochets de soulèvement.
	Poulie enchapée double. Les rouets; leurs boulons. L'écharpe; le crochet d'équipement. La chape; les crochets de soulèvement.
	L'arrêt de chaîne. — La griffe; les mailles; le crochet.
	La chaîne calibrée [1].
	Les plateaux de pointe.
	Les leviers ordinaires de chèvre de place n° 1; les trous de chevillette.
	La civière à chaîne; le chapiteau; la case aux accessoires.

---

[1] La chaîne peut supporter en toute sécurité un poids de 2,500 kilogrammes par brin. On peut donc, en équipant la chèvre à deux brins, soulever un poids de 5,000 kilogrammes; en l'équipant à trois brins, soulever un poids de 7,500 kilogrammes, et à quatre brins, un poids de 10,000 kilogrammes.

3. Indépendamment des agrès spéciaux qui figurent dans la nomenclature précédente, il faut que l'instructeur ait à sa disposition divers autres agrès et accessoires.

Les tableaux suivants donnent la nomenclature des agrès et accessoires qui sont nécessaires et généralement suffisants pour la manœuvre de la chèvre dressée sur son pied.

	Canon de 16$^{c/m}$ et obusier fretté de 22$^{c/m}$.	Canon de 19$^{c/m}$.
Leviers de siége...................	4	4
Leviers de chèvre de place n° 1 [1].	2	2
Chaîne calibrée de 25 mètres ou de 34 mètres de longueur (dans la civière à chaîne).............	1	1
Arrêt de chaîne	1	1
Poulie enchapée simple..........	1	"
Poulie enchapée double..........	"	1
Plateaux de pointes..............	3	3
Piquets en fer...................	3	3
Masses ferrées..................	3	3
Jarretière double (10 mètres de long)	1	1
Traits à canon..................	2	2
Prolonge double.................	1	1
Maillets........................	2	2
Chaîne d'équipement (modèle 1851) pour canon de 16$^{c/m}$ et obusier de 22$^{c/m}$..............	1	"
Chaîne d'équipement (modèle 1875) pour canon de 19$^{c/m}$.....	"	1
Élingues en cordage............	"	2
Double crochet à anneau........	"	1

À défaut de chaîne d'équipement.

_____

[1] Ce sont des leviers de siége ordinaires dont la pince est percée d'un trou.

	Canon de 16c/m et obusier frotté de 22c/m.	Canon de 19c/m
Rouleau de culasse (garni en cordage)........................	1	1
Chantiers...........................	4	4
Pelles..............................	2	2
Pioches............................	2	2
Palans.............................	2	2
Piquets d'attache de campement (grands).......................	2	2
Sarraux ou bourgerons.............	12	12
Civière à chaîne outillée..........	1	1

La civière à chaîne renferme dans une caisse à outils les objets suivants :

Burettes à l'huile......	2	Gamelle à graisse......	1
Clefs anglaises........	2	Pinceau (gros)........	1
Ciseaux à froid........	2	Chasse-goupille.......	1
Marteau-rivoir........	1	Chiffons lavés........	»
Tricoise..............	1	Graisse verte.........	»
Boîte à graisse.......	1	Huile d'olive.........	»
Burette de machiniste..	1		

Transporter la chèvre démontée.

4. Dans un premier voyage, huit hommes portent les deux hanches, deux hommes emportent le pied, et les deux derniers la poulie enchapée, accrochée à un levier. Dans un deuxième voyage, six hommes portent le monte-charge, deux portent la civière à chaîne; les autres transportent les épars et les divers agrès. On fait d'ailleurs un troisième et un quatrième voyage, si cela est nécessaire.

Monter la chèvre.

5. Disposer les hanches, les sabots de premier épars en dedans, les plaques de poulies en dessous, les pointes des hanches à 3 mètres environ l'une de l'autre, la tête élevée sur un échafaudage de trois chantiers pour empêcher que les plaques de poulies ne portent à terre.

Les servants de gauche engagent les second, troisième et quatrième épars dans les mortaises de la hanche gauche et mettent les chevillettes. Le chef de manœuvre réunit à la hanche gauche, sans faire dépasser les boulons, d'abord l'anneau-entretoise, puis la poulie inférieure munie du manchon de boulon.

Les servants de droite réunissent à la hanche droite les second, troisième et quatrième épars et mettent les chevillettes.

Le chef de manœuvre achève d'enfoncer les boulons d'anneau-entretoise et de poulie inférieure, place les écrous et les serre provisoirement. Il met en place la poulie supérieure avec sa chape, son boulon et son manchon; il dispose ensuite la butée, qu'il fixe au moyen de la chevillette (à piton) et de la clavette (double). Il serre tous les écrous à fond.

Le chef de manœuvre se porte ensuite vers le bout des hanches, fait appliquer, par les premiers servants, le premier épars entre les sabots en fer, place les boulons et leurs écrous et les serre à fond.

Six servants fixent le monte-charge au pre-

mier et au deuxième épars et mettent les chevillettes.

La chèvre étant montée, l'instructeur fait
placer un chantier debout sous l'une des hanches, pour empêcher les plaques de poulies
de porter sur le sol et fait disposer les
agrès à 2 mètres en avant du bout des hanches, les leviers couchés parallèlement aux
épars. Il fait coucher le pied sur la chèvre, la
pointe vers la tête de la chèvre.

Transporter la chèvre assemblée.

6. L'instructeur fait enlever le monte-charge
et poser le pied à côté de la chèvre.

Les servants et les auxiliaires étant placés en
bataille à 6 mètres en avant des pointes des hanches, l'instructeur commande : TRANSPORTEZ LA
CHÈVRE.

Les servants et les auxiliaires s'appliquent
aux hanches de leur côté, les troisièmes servants à la tête de la chèvre; l'instructeur leur
fait faire face du côté vers lequel on doit se di-
riger. Tous saisissent les hanches. L'instructeur
commande alors :

A bras = FERME.
A l'épaule = FERME.
MARCHE.

Il fait poser la chèvre à terre aux commandements :

A bras = FERME.
POSEZ LA CHÈVRE.

Le monte-charge et les agrès sont transportés dans un deuxième et un troisième voyage. L'instructeur répartit les fardeaux entre les hommes.

Si l'on doit transporter la chèvre à quelques pas seulement, on laisse en place le monte-charge et l'on porte la chèvre à bras.

Dresser la chèvre.

7. La chèvre est couchée le monte-charge en dessus; les agrès sont disposés à 2 mètres en avant des pointes des hanches; le pied est couché parallèlement à la chèvre, la pointe du côté de la tête de la chèvre.

L'instructeur fait planter un piquet en fer contre chacun des tenons de manœuvre du côté de la pointe des hanches; fait, s'il y a lieu, rabattre la butée par le chef de manœuvre, qui la fixe au moyen de la chevillette (à piton) et de la clavette (double).

Il place les servants et les auxiliaires en bataille à 6 mètres des pointes des hanches, face à la chèvre; puis il commande :

1. DRESSEZ LA CHÈVRE.
2. FERME.

Au commandement : DRESSEZ LA CHÈVRE, l'instructeur prend un levier et se porte à la tête de la chèvre. Les servants et les auxiliaires s'appliquent aux hanches de leur côté, les troisièmes servants à la tête [1].

---

[1] On peut aussi ne placer que huit hommes aux hanches et appliquer les quatre autres au bout d'une prolonge, que l'on fixe par l'autre bout à l'anneau-entretoise.

Au commandement : Ferme, tous soulèvent la tête de la chèvre.

L'instructeur place, dès qu'il le peut, la pince de son levier sous la butée, en laissant porter le petit bout à terre. Les servants se reprennent, s'appliquent sous les hanches, dressent la chèvre avec l'aide de l'instructeur et la maintiennent presque verticalement.

Les troisièmes servants abandonnent les hanches, saisissent le pied et le dressent. L'instructeur fait l'avertissement : Laissez aller ; les servants laissent doucement descendre la chèvre l'instructeur dirige le pied de manière que la butée vienne porter sur la coiffe du bout du pied.

On peut aussi, avant de dresser la chèvre, attacher au piton de bout de pied la jarretière double que l'on fait passer dans le piton de la butée. La chèvre étant maintenue presque verticalement, les troisièmes servants hissent le pied et tirent sur le brin libre de la jarretière, et l'instructeur le dirige.

L'instructeur fait disposer la chèvre de manière que la pointe du pied soit à égale distance des pointes des hanches et à 3^m,5o environ de la ligne qui les joint, l'axe de la poulie supérieure correspondant au milieu du fardeau. A cet effet, les servants embarrent sous les tenons de manœuvre pour faire appuyer les hanches et le pied de la quantité convenable.

8. Lorsqu'on dispose d'un espace suffisant, on

peut employer un autre procédé pour dresser la chèvre.

Soulever la chèvre à hauteur d'homme et la laisser reposer sur deux leviers placés debout sous les hanches. — Relever la butée vers la poulie supérieure. — Assembler le pied avec les plaques de poulies au moyen de la chevillette de bout de pied. — Engager par son milieu une prolonge double dans les poignées de pied; embrasser de dedans en dehors les hanches avec les brins libres, en les passant sous le premier épars. — Ramener les brins libres vers la tête et appliquer quatre hommes à chacun d'eux. — Les premiers servants embarrent sous les tenons des hanches, les troisièmes servants sous les tenons de pied. — Tous les servants font effort pour rapprocher le pied vers les hanches en veillant à ce qu'il soit à égale distance de chacune d'elles.

En opérant avec précaution, on peut se passer de la prolonge double.

9. L'instructeur, pour reformer son peloton en bataille à 6 mètres de la chèvre, commande : A VOS POSTES.

Coucher la chèvre.

10. Avant de faire coucher la chèvre, l'instructeur fait monter le chef de manœuvre sur le dernier épars pour enlever la chevillette de bout de pied, si elle est en place; il fait en même temps planter par les auxiliaires un piquet en fer contre chacun des tenons des hanches, puis il commande :

   1. COUCHEZ LA CHÈVRE.
   2. FERME.

La manœuvre s'exécute alors suivant les principes prescrits pour dresser la chèvre (n° 7) et par les moyens inversés.

11. Quand on couche la chèvre avec son pied, on laisse en place la chevillette de bout de pied et on relève la butée vers la poulie supérieure; puis on dispose la prolonge double comme il est indiqué pour dresser la chèvre avec son pied (n° 8). En opérant avec précaution, on peut se passer de la prolonge double.

Équiper la chèvre.

A deux brins.

12. La chèvre étant dressée, l'instructeur s'assure que le barbotin et les divers axes sont bien graissés, et fait porter la civière contenant la chaîne sous le monte-charge, les bras parallèles au premier épars. Il place les six servants seuls en bataille à 6 mètres de la chèvre et commande :

   1. PRÉPAREZ-VOUS À ÉQUIPER LA CHÈVRE À DEUX BRINS.
   2. ÉQUIPEZ LA CHÈVRE À DEUX BRINS.

Au commandement : PRÉPAREZ-VOUS À ÉQUIPER LA CHÈVRE À DEUX BRINS, le chef de manœuvre monte sur le dernier épars et met la chevillette de bout de pied. Le premier servant de droite monte sur le troisième épars près de la hanche gauche. Le premier servant de gauche se porte au monte-charge, lève les dents-de-loup et les accroche à leurs arrêts; il introduit ensuite dans chacune des boîtes du monte-charge un levier dont il laisse porter le petit bout à terre, et dégage les crochets de boîte des dents des disques à double couronne.

Le barbotin peut alors tourner librement.

Les seconds servants prennent la poulie enchapée simple et la déposent à côté du fardeau. Le troisième servant de droite se porte à la civière et saisit un bout de la chaîne.

Au commandement : ÉQUIPEZ LA CHÈVRE À DEUX BRINS, le troisième servant de droite graisse, s'il y a lieu, le bout de la chaîne [1] et l'engage dans le barbotin, de dedans en dehors, la première maille *de champ*. Le premier servant de gauche (aidé au besoin d'un auxiliaire), fait tourner le barbotin; fixe, dès qu'il le peut, à la première maille de la chaîne, un bout de la jarretière double, et lance l'autre bout au chef de manœuvre qui l'engage dans la poulie inférieure de dehors en dedans et le laisse pendre. Les seconds servants et le troisième servant de droite tirent sur le bout libre pour amener la chaîne; le premier servant de gauche (aidé au besoin

---

[1] Il suffit ordinairement de mettre une seule goutte d'huile à l'articulation des deux premières mailles.

d'un auxiliaire) facilite le mouvement en faisant tourner le barbotin.

Le chef de manœuvre engage *de champ,* dans la poulie inférieure, la première maille de la chaîne, après s'être assuré que celle-ci n'est pas tordue. Les seconds servants et le troisième servant de droite tirent sur la jarretière pour amener la chaîne. Les seconds servants enlèvent la jarretière, engagent la première maille de la chaîne *de champ* dans la gorge de la poulie enchapée en évitant toute torsion; ils attachent à la cinquième maille de la chaîne un des bouts de la jarretière et lancent l'autre bout au chef de manœuvre, qui le passe par-dessus la plaque de poulies et le laisse pendre. Un des seconds servants maintient la poulie enchapée debout sur l'écharpe, le rouet perpendiculaire aux épars, tandis que l'autre tire sur la jarretière. Tous les servants agissent pour faire filer la chaîne. Lorsque la première maille revient à la tête de la chèvre, le chef de manœuvre l'accroche au crochet de la poulie supérieure et fait tourner ce crochet de manière que la chaîne n'ait pas de torsion.

L'instructeur, s'étant assuré que la chaîne est convenablement disposée sans torsion, fait descendre le chef de manœuvre et le premier servant de droite. Il fait accrocher la poulie au fardeau, la chaîne un peu lâche; fait placer les plateaux sous les pointes du pied et des hanches et dispose la chèvre définitivement, de manière que les brins de la chaîne soient tendus verticalement lorsqu'on manœuvrera. Il fait assurer les plateaux au moyen des piquets en fer, après avoir vérifié à vue qu'ils sont au même niveau. Si cette condition n'est pas remplie, il fait donner quelques coups de pioche pour arriver à la réaliser. Le premier servant de gauche remet en place les leviers engagés dans les boîtes du monte-charge, dégage les dents-de-loup de leurs arrêts et les laisse retomber sur les couronnes dentées des disques.

A trois brins.

13. L'instructeur, pour faire exécuter la manœuvre, commande :

1. PRÉPAREZ-VOUS À ÉQUIPER LA CHÈVRE À TROIS BRINS.

2. ÉQUIPEZ LA CHÈVRE À TROIS BRINS.

Pour équiper la chèvre à trois brins, on emploie les mêmes agrès que pour l'équiper à deux brins. La manœuvre s'exécute comme il est prescrit au n° 12, sauf la modification suivante :

La chaîne ayant été engagée dans la poulie enchapée du fardeau, le chef de manœuvre, au lieu de l'accrocher au crochet de la poulie supérieure de tête, l'engage dans cette poulie d'arrière en avant (*du pied vers les hanches*), et passe le bout libre de la chaîne aux seconds servants, qui accrochent la première maille au crochet d'écharpe de la poulie enchapée.

2

A quatre brins.

14. L'instructeur, pour faire exécuter la manœuvre, commande :

1. Préparez-vous à équiper la chèvre à quatre brins.
2. Équipez la chèvre à quatre brins.

Pour équiper la chèvre à quatre brins, on emploie les mêmes agrès que pour l'équiper à deux brins, en remplaçant la chaîne de 25 mètres par une chaîne de 34 mètres et la poulie enchapée simple par une poulie enchapée double. La manœuvre s'exécute comme il est prescrit au n° 12, sauf les modifications suivantes :

La chaîne ayant été engagée dans la poulie inférieure de tête de chèvre, l'un des seconds servants maintient la poulie double sur le fardeau, l'écharpe debout, le plan des rouets perpendiculaire aux épars. L'autre second servant engage alors la première maille *de champ* et sans torsion dans un des rouets de la poulie double d'avant en arrière (*des hanches vers le pied*); le chef de manœuvre reçoit le bout de la chaîne, l'engage dans la poulie supérieure de tête, d'arrière en avant; l'un des seconds servants saisit le bout libre de la chaîne et l'engage dans le second rouet de la poulie enchapée; la chaîne est enfin accrochée par le chef de manœuvre au crochet de chape de la poulie supérieure de tête de chèvre.

L'instructeur s'assure que les brins de la chaîne ne frottent pas l'un contre l'autre.

Il est important que le pied et les hanches reposent sur un sol résistant et bien horizontal. On ne doit pas faire porter à la chèvre équipée à quatre brins un poids supérieur à 10,000 kilogrammes [1]. La force nominale de la chèvre n'est même que de 8,000 kilogrammes, mais elle peut sans danger supporter 10,000 kilogrammes.

Déséquiper la chèvre.

15. On déséquipe la chèvre d'après les principes prescrits pour l'équiper (n°° 12, 13, 14) et par les moyens inverses, aux commandements :

1. PRÉPAREZ-VOUS À DÉSÉQUIPER LA CHÈVRE.
2. DÉSÉQUIPEZ LA CHÈVRE,

les servants replacent les agrès à 2 mètres des hanches.

Manœuvrer la chèvre dressée sur son pied.

Monter la pièce.

16. La chèvre étant dressée et équipée, les crochets de la poulie enchapée accrochés au fardeau, l'instructeur, pour faire monter la pièce, commande :

1. PRÉPAREZ-VOUS À MONTER LA PIÈCE.
2. COMMENCEZ LA MANŒUVRE.

---

[1] Voir la note de la page 6.

Au commandement : COMMENCEZ LA MA-
NŒUVRE, les premiers servants prennent chacun
un levier de chèvre de place, l'engagent dans la
boîte de leur côté et mettent la chevillette. Ils
se placent en dehors des leviers, se faisant face,
et en saisissent le bout; les seconds servants, si
c'est nécessaire, s'appliquent aux leviers du
même côté, près du monte-charge.

Les troisièmes servants fixent un trait à canon
à chaque extrémité du fardeau et s'en servent
pour empêcher les oscillations pendant la manœuvre.

Au commandement : COMMENCEZ LA MA-
NŒUVRE, les premiers servants élèvent leurs
leviers et engagent les crochets (ou griffes) des
boîtes de levier dans les dents des disques, de
manière à agir le plus commodément possible.
Le premier servant de droite fait alors l'avertissement : ABATTEZ; les servants abattent en un
seul temps, jusqu'à ce que les dents-de-loup
tombent dans les dents des disques, et élèvent
les leviers pour faire appuyer le crochet de
chaque boîte sur la dent suivante. Le premier
servant de droite fait de nouveau l'avertissement:
ABATTEZ; la manœuvre continue ainsi jusqu'à ce
que la pièce soit suffisamment élevée.

Arrêter la manœuvre.

17. Pour arrêter la manœuvre, l'instructeur
commande :

HALTE À LA MANŒUVRE.

Au commandement: HALTE À LA MANŒUVRE,

les servants élèvent leurs leviers et les ramènent vers eux pour dégager les boîtes des disques dentés; ils laissent ensuite porter à terre les petits bouts des leviers.

18. L'instructeur fait arrêter la manœuvre, soit parce que le fardeau est suffisamment élevé, soit parce que les hommes ont besoin de repos, soit enfin parce que le fonctionnement du monte-charge devient trop dur.

Dans ce dernier cas, il faut huiler légèrement l'axe du barbotin. Si ce moyen ne suffit pas, le chef de manœuvre prend l'arrêt de chaîne et le fixe à l'une des mailles de la chaîne, la griffe en dehors, le crochet un peu plus bas que le quatrième épars, l'ouverture en dessous. Les premiers servants se placent aux leviers et les élèvent de manière que les crochets des boîtes portent sur les dents inférieures des disques; le second servant de droite se porte au monte-charge, entre les leviers, face à la chèvre; les premiers servants pèsent sur leurs leviers, le second servant de droite lève les dents-de-loup.

Les premiers servants laissent aller doucement, jusqu'à ce que le crochet de l'arrêt de chaîne embrasse le quatrième épars.

On fait alors visiter le monte-charge par un ouvrier.

Le monte-charge étant réparé, on enlève l'arrêt de chaîne en manœuvrant comme pour monter la pièce.

Lorsque le fardeau n'est que peu élevé au-dessus du sol, on peut, au lieu d'employer l'arrêt de chaîne, soutenir le fardeau à l'aide d'un échafaudage formé de lambourdes et de chantiers.

En règle générale, toutes les fois que la manœuvre est dure en commençant, il faut arrêter la manœuvre et graisser le barbotin.

Pour faire reprendre la manœuvre, l'instructeur commande:

CONTINUEZ LA MANŒUVRE.

Les servants exécutent ce qui est prescrit au commandement: COMMENCEZ LA MANŒUVRE.

Descendre la pièce.

19. Pour faire descendre la pièce, l'instructeur commande:

1. PRÉPAREZ VOUS À DESCENDRE LA PIÈCE
2. COMMENCEZ LA MANŒUVRE.

Au commandement: PRÉPAREZ-VOUS À DESCENDRE LA PIÈCE, les premiers et les troisièmes servants exécutent ce qui est prescrit au commandement: PRÉPAREZ-VOUS À MONTER LA PIÈCE; le second servant de droite se porte au monte-charge, entre les leviers, face à la chèvre et saisit de chaque main l'une des poignées des dents-de-loup.

Au commandement: COMMENCEZ LA MANŒUVRE, les premiers servants engagent les crochets de boîte de levier dans les dents inférieures des disques; le second servant de droite fait l'avertissement: FERME.

Les premiers servants pèsent sur leurs leviers, le second servant de droite lève les dents-de-loup et fait alors l'avertissement : LAISSEZ ALLER.

Les premiers servants laissent aller doucement; le second servant de droite laisse passer une dent des disques et replace, dès qu'il le peut, les dents-de-loup.

Les premiers servants cèdent doucement au fardeau, et lorsque les crochets de boîte appuient contre les dents des disques, ils dégagent ces crochets et les font porter sur les dents placées au-dessous.

Le second servant de droite fait alors l'avertissement: FERME, puis: LAISSEZ ALLER.

La manœuvre continue ainsi jusqu'à ce que la pièce repose sur le sol.

Arrêter la manœuvre.

20. Pour arrêter la manœuvre, l'instructeur commande:

HALTE À LA MANŒUVRE.

Au commandement: HALTE À LA MANŒUVRE, les servants dégagent les crochets de boîte des dents des disques et laissent porter à terre les petits bouts des leviers.

Continuer la manœuvre.

21. Pour faire continuer la manœuvre, l'instructeur commande:

CONTINUEZ LA MANŒUVRE.

Au commandement : CONTINUEZ LA MANŒUVRE,
les servants exécutent ce qui est prescrit au commandement : COMMENCEZ LA MANŒUVRE.

Le second servant de droite fait alors l'avertissement : FERME, puis : LAISSEZ ALLER.

ARTICLE II.

Manœuvres de la chèvre à haubans.

Équiper la chèvre à haubans à deux et à
trois brins.

Dresser la chèvre.

Coucher la chèvre.

Manœuvrer la chèvre à haubans.

22. Il faut un instructeur et douze hommes
pour exécuter les manœuvres de la chèvre à
haubans.

L'instructeur et les hommes sont en tenue de
travail. Les hommes s'équipent habituellement
de sarraux ou de bourgerons en toile avant de
commencer la manœuvre.

L'instructeur forme son peloton en bataille
sur deux rangs et prévient les hommes que le
premier rang se compose des servants et
auxiliaires de gauche et le second rang des
servants et auxiliaires de droite ; que la première
file, en commençant par la droite, fournit les
premiers servants, la seconde file les seconds
servants, la troisième les hommes des haubans ;
la quatrième les hommes du contre-hauban,

la cinquième les auxiliaires. Les troisièmes servants occupent toujours la gauche du peloton.
Le troisième servant de gauche est chef de manœuvre. C'est toujours un canonnier instruit,
et autant que possible un ouvrier.

23. On équipe la chèvre à haubans quand le
fardeau est dans une position telle qu'on ne
peut faire usage de la chèvre dressée sur son
pied.

Les cas les plus ordinaires sont ceux où il
faut faire arriver une pièce au sommet d'un
mur de fortification, ou la faire descendre du
sommet d'un mur au fond d'un fossé.

Les haubans sont des cordages qui, fixés à
l'anneau-entretoise, et arrêtés à des piquets enfoncés dans le sol, soutiennent la chèvre dressée,
quand on ne peut faire usage du pied.

Le contre-hauban est un cordage qui, fixé au
piton de butée et arrêté à des piquets enfoncés
dans le sol, empêcherait la chèvre de se renverser si, par suite de la rupture d'une chaîne,
d'un crochet, etc., le fardeau venait à retomber
tout à coup.

24. Le nombre des hommes, fixé à douze
pour la manœuvre de la chèvre à haubans, ne
peut être réduit dans aucun cas. Il sera souvent
prudent de le dépasser en augmentant le
nombre des auxiliaires.

25. On doit toujours manœuvrer la chèvre
de place à haubans sur une plate-forme.

La plate-forme la plus simple se compose d'un madrier de 4 mètres de longueur et de 5 à 8 centimètres d'épaisseur, placé en travers sur deux autres madriers ou demi-madriers disposés perpendiculairement à la crête du mur et ayant, d'axe en axe, le même écartement que les pointes de hanches.

On dame solidement la terre sur la plate-forme et à l'entour, et l'on fixe par des piquets la position des madriers, de manière que l'axe du madrier supérieur soit à 65 centimètres de la crête du mur. On pratique à la tarière, sur l'axe de ce dernier madrier, deux trous pour recevoir les pointes de hanches, et l'on garnit le bord de chacun d'eux d'une plaque en tôle percée d'un trou circulaire.

Il est nécessaire de fixer le madrier supérieur sur les deux autres au moyen de fortes broches en fer. Tout mouvement de recul de la plate-forme doit être rendu impossible.

La plate-forme est complétée par deux madriers placés à droite et à gauche de l'axe, pour servir d'appui aux rouleaux sur lesquels on amènera le fardeau.

26. Lorsqu'on commence la manœuvre, soit pour monter la pièce, soit pour la descendre, la chèvre est dressée verticalement, ou même avec un très-léger surplomb du côté du monte-charge; par la tension des haubans et par le serrement des nœuds, elle prend une certaine inclinaison du côté du fossé.

Pour serrer les nœuds, soulever un peu le

fardeau en manœuvrant très-lentement, et le laisser suspendu pendant quelques instants. Si l'inclinaison que prennent les hanches est trop forte, descendre le fardeau et raccourcir un peu les haubans. On arrive ainsi, au moyen de quelques tâtonnements, à donner aux hanches l'inclinaison convenable. Cette inclinaison, mesurée du pied de la perpendiculaire abaissée de la tête des hanches, ne doit pas dépasser, ni même égaler 65 centimètres. Les deux haubans doivent être également tendus.

Lorsque le fardeau n'est pas dans le fossé, on ne peut pas toujours tendre les nœuds en accrochant la poulie enchapée au fardeau. Dans ce cas, il faut l'accrocher, soit à une voiture lourde, soit à un trait à canon fixé à des piquets très-solidement enfoncés avec une forte inclinaison. On achève de les tendre, s'il y a lieu, en accrochant la poulie à une élingue (ou couronne), passée autour de la pièce à descendre, que l'on a le soin de maintenir par un palan de retraite.

27. Les piquets employés pour arrêter les haubans doivent avoir la force des grands piquets d'attache de campement, ou des piquets à chevalets de saucisson; ils doivent être très-sains et de brin. On ne doit en laisser dépasser la tête que de 3o centimètres au plus.

Lorsque le sol est compressible, il est à peu près indispensable d'amarrer la tête de chaque piquet au pied d'un piquet de retraite, à l'aide d'un cordage double (de la force d'un trait à canon), fortement tordu avec un billot.

Dans un très-mauvais terrain, on pourra être obligé de remplacer les piquets par des lambourdes enterrées de 1 mètre, auxquelles on attachera les haubans.

28. L'instructeur, avant de faire dresser la chèvre, s'assure toujours que les nœuds sont bien faits, qu'ils ont été serrés à coups de maillet, et que l'on a laissé aux nœuds allemands un bout libre de 50 centimètres à 1 mètre. En commençant la manœuvre, il doit laisser pendant quelque temps le fardeau suspendu à une faible hauteur et s'assurer que les piquets et les nœuds ne bougent pas.

La chèvre montée, mais sans le premier épars, est couchée, le monte-charge en dessous, le bout des hanches du côté du fossé, la tête relevée par deux chantiers placés sous les hanches vers la tête.

Les agrès sont à 2 mètres en avant de la tête, les leviers couchés parallèlement aux épars.

29. Les agrès nécessaires pour l'exécution de la plupart des manœuvres de la chèvre à haubans sont en général les mêmes que ceux indiqués dans les nomenclatures qui figurent au n° 3, sauf les différences suivantes :

Les leviers de siége doivent être au nombre de 6.

Les leviers ordinaires de chèvre de place sont

remplacés par deux leviers courbes de chèvre de place n° 1 (modèle 1875).

La seule chaîne dont on puisse faire usage est celle de 34 mètres, et jamais on n'emploie la poulie double, la chèvre à haubans ne devant, en aucun cas, être équipée à quatre brins. En outre, il faut avoir une deuxième poulie enchapée simple, pour équiper à trois brins.

Un approvisionnement de grands rouleaux (2), grandes cales (6), cales longues (2) et demi-chantiers (2) est nécessaire.

Équiper la chèvre à haubans.

30. Les canonniers sont placés en bataille sur deux rangs, à 6 mètres de la tête de la chèvre, lui faisant face, le centre du peloton sur le prolongement de l'axe.

Avant de faire équiper la chèvre, l'instructeur fait enfoncer les piquets des haubans et du contre-hauban.

Les premiers piquets des haubans sont placés: l'un à 4 pas à droite, l'autre à 4 pas à gauche de l'axe de la chèvre, sur une ligne parallèle aux épars et située à 5 pas de la tête de la chèvre, du côté opposé au fossé. Les seconds piquets des haubans sont placés à 2 pas des premiers, dans la direction que doivent prendre les haubans, la chèvre dressée. On incline fortement ces piquets du côté opposé à la chèvre.

Le premier piquet du hauban est placé du côté du fossé, à 15 pas du premier épars, sur le prolongement de l'axe; le second piquet est placé à 2 pas du premier, sur le prolongement de l'axe; on incline fortement ces piquets du côté opposé au fardeau.

Les nombres de pas déterminant la position des premiers piquets des haubans et du contre-hauban n'ont rien d'absolu et peuvent varier suivant la disposition du terrain. Il faut s'attacher avant tout à donner aux haubans une bonne inclinaison, sans trop s'inquiéter de la distance des piquets à la chèvre.

On doit toujours faire disposer, sur l'axe de la plate-forme, un ou deux piquets de retraite très-solidement enfoncés et fortement inclinés du côté opposé au fossé.

A deux brins.

31. Les piquets étant enfoncés : Enlever le premier épars (s'il est encore en place). — Placer la civière contenant la chaîne entre les hanches, près du deuxième épars. — Soutenir la poulie enchapée debout, le crochet de l'écharpe en dessus, à côté de la civière, le rouet perpendiculaire aux épars. — Engager la première maille de la chaîne *de champ* et sans torsion de la chaîne :

1° Dans le barbotin, de dessus en dessous;

2° Dans la poulie inférieure de la tête, de dessous en dessus;

3° Dans la poulie enchapée, d'avant en arrière (*de la tête vers les pointes de hanche*).

Accrocher enfin la première maille au crochet de la poulie supérieure de la tête.

Éviter de traîner la chaîne par terre; au besoin l'essuyer et la graisser de nouveau. Soutenir
le brin qui va du barbotin à la tête de la chèvre
au moyen d'une jarretière que l'on attache au
quatrième épars.

Fixer les haubans à l'anneau-entretoise et le
contre-hauban au piton de la butée, par des
nœuds allemands. Passer les bouts libres de
ces cordages aux hommes qui en sont chargés.

Pour l'exécution des détails qui précèdent, les
troisièmes servants engagent la chaîne dans le
barbotin; le troisième servant de gauche engage
la chaîne dans la poulie inférieure et l'accroche
à la poulie supérieure; le troisième servant de
droite dévide la chaîne; les seconds servants
maintiennent la poulie enchapée et y engagent
la chaîne, les premiers servants et les hommes
des haubans font filer la chaîne (en attachant
une jarretière à la première maille pour faciliter
l'opération).

L'instructeur envoie dans le fossé les hommes
des haubans et du contre-hauban.

32. On peut, au lieu de procéder comme il
vient d'être expliqué, n'équiper la chèvre qu'a-
près l'avoir dressée. Dans ce cas, le monte-
charge est d'abord séparé de la chèvre et l'on
opère comme il est indiqué plus loin (n°s 36
et 37). Cette seconde manière d'équiper la
chèvre en rend le dressage plus facile et ménage
les forces des hommes.

33. La chèvre de place n° 1 (modèle 1875) à haubans ne doit jamais être employée à soulever des fardeaux pesant plus de 5,000 kilogrammes; on peut donc en toutes circonstances l'équiper à deux brins. Néanmoins il pourra être avantageux parfois de l'équiper à trois brins, pour ménager les forces des hommes. Dans aucun cas la chèvre de place n° 1 (modèle 1875) à haubans ne doit être équipée à quatre brins.

A trois brins.

34. Les piquets étant enfoncés et le premier épars enlevé (s'il y a lieu), le troisième servant de gauche enlève la poulie supérieure de la tête et sa chape à crochet; il remet en place le boulon garni et son manchon et y accroche par ses deux crochets de soulèvement une poulie enchapée simple, qu'il attache avec une jarretière.

On équipe ensuite la chèvre comme il est prescrit au n° 13, en engageant la chaîne:

1° Dans le barbotin, de dessus en dessous;

2° Dans la poulie inférieure de la tête, de dessous en dessus;

3° Dans la poulie enchapée du fardeau, d'avant en arrière;

4° Dans la poulie enchapée de la tête, de dessus en dessous.

Enfin, on accroche la première maille de la chaîne au crochet d'équipement de la poulie enchapée de la tête.

Le remplacement de la poulie supérieure par

une poulie enchapée simple suspendue comme
il a été indiqué, a pour effet, lorsque la chèvre
est dressée, de rapprocher le fardeau des hanches et de soulager les plaques de poulie, qui
sont en porte-à-faux.

Dresser la chèvre.

35. Avant de faire dresser la chèvre, l'instructeur s'assure que la chaîne, les axes des
poulies, le barbotin et surtout son axe sont
convenablement graissés.

Les pointes des hanches étant à 80 centimètres ou un mètre du mur, l'instructeur fait
enfoncer un piquet en fer contre chacun des
tenons de manœuvre, puis il se porte avec un
levier à la tête de la chèvre.

Les premiers, seconds et troisièmes servants
ainsi que les hommes des haubans s'appliquent
aux hanches; les hommes du fossé s'appliquent
au contre-hauban. Tous agissent pour dresser
la chèvre; l'instructeur permet aux servants de
se reprendre en laissant appuyer une des hanches sur la pince de son levier dont il fait
porter le petit bout à terre.

La chèvre étant à peu près verticale, les
hommes des haubans et du contre-hauban
tendent leurs cordages, enveloppent d'un tour
chacun des premiers piquets et arrêtent provisoirement les haubans et le contre-hauban aux
seconds piquets par des nœuds d'artificier.

L'instructeur fait arracher les piquets en fer
et porter les pointes des hanches dans leurs

3

trous; il fait alors régler la longueur des cordages de manière que la chèvre soit très-légèrement inclinée du côté opposé au fossé. Il fait serrer les haubans autour des piquets, à coups de maillet.

Les seconds servants, à l'aide des premiers, descendent la poulie enchapée dans le fossé; les auxiliaires l'accrochent au fardeau. L'instructeur fait manœuvrer lentement pour serrer les nœuds, et, si l'inclinaison n'est pas convenable, il dispose (après avoir fait redescendre le fardeau à terre) les haubans de manière qu'ils soient également tendus et que la chèvre soit inclinée du côté du fossé d'une quantité qui ne doit pas dépasser 65 centimètres (voir n° 26).

36. Si la chèvre munie du monte-charge a été dressée sans être équipée (voir n° 32), l'instructeur la fait équiper comme il a été prescrit pour la chèvre dressée sur son pied (n° 12), puis il fait serrer les nœuds et régulariser la tension des haubans (n° 35).

37. Si la chèvre a été dressée, sans que le monte-charge soit préalablement réuni aux deuxième et troisième épars (voir n° 32), l'instructeur fait procéder de la manière suivante :

Placer la civière contenant la chaîne entre les hanches, sous le deuxième épars, les bras parallèles aux épars. Appuyer le monte-charge sur la civière, les dents-de-loup en dessus, la partie inférieure des plaques principales portant à terre du côté opposé au fossé. — Engager la première maille de la chaîne dans le barbotin de dessous en dessus et achever d'équiper comme il est prescrit pour la chèvre dressée sur son pied. Faire maintenir le monte-charge par un homme qui appuie un pied sur la partie inférieure. — Accrocher la poulie enchapée au fardeau et manœuvrer au monte-charge, comme il est prescrit pour monter la pièce.

Le monte-charge dirigé par les troisièmes servants s'élève le long de la chaîne; quand il est arrivé à la hauteur convenable, on le fixe aux boulons de deuxième et troisième épars, après avoir fait passer le bout libre de la chaîne par-dessus le deuxième épars.

Coucher la chèvre.

38. La manœuvre s'exécute suivant les principes prescrits pour dresser la chèvre et par les moyens inverses.

Lorsqu'on manœuvre avec des hommes peu exercés, il est utile de descendre d'abord le monte-charge. — A cet effet, laisser la poulie enchapée au fardeau, ou suspendre la chaîne au quatrième épars avec l'arrêt de chaîne (n° 18). Manœuvrer au monte-charge pour descendre le fardeau et faire tendre la chaîne (n° 19). Dégager le monte-charge des boulons des épars. Manœuvrer au monte-charge comme pour descendre la pièce; les troisièmes servants soutiennent et dirigent le monte-charge, qui descend le long de la chaîne; ils le font appuyer sur la civière,

les dents-de-loup en dessus, la partie inférieure
des plaques principales portant à terre du côté
opposé au fossé. Décrocher la poulie enchapée
du fardeau et la remonter sur la plate-forme en
manœuvrant au monte-charge, qu'un homme
maintient avec le pied. Coucher alors la chèvre.

On peut aussi déséquiper la chèvre de sa
chaîne avant de la coucher, comme il est prescrit pour la chèvre dressée sur son pied (n° 15).

Manœuvrer la chèvre à haubans.

39. On manœuvre la chèvre de place n° 1
(modèle 1875) à haubans comme la chèvre
dressée sur son pied, en substituant aux leviers
ordinaires de chèvre de place deux leviers
courbes que les premiers servants engagent
dans les boîtes du monte-charge, la concavité
en dessus.

L'emploi des leviers courbes permet aux servants, quand ils font effort, de prendre des posi-
tions moins gênantes que si l'on se servait de
leviers droits, et facilite la manœuvre, quand le
fardeau est placé sur la plate-forme.

Lorsqu'on veut manœuvrer pour descendre
la pièce, le second servant de droite qui doit
lever les dents-de-loup se place comme il est
prescrit (n° 19) en montant sur un échafaudage
de un ou deux chantiers, afin de se trouver à
la hauteur convenable.

Les hommes des haubans ne cessent d'avoir
l'attention fixée sur les piquets et sur les haubans; ils appuient un pied sur le brin qui va du

premier au deuxième piquet. S'ils aperçoivent le moindre dérangement, ils en préviennent immédiatement l'instructeur.

Si un piquet cède, on en relie la tête au pied d'un piquet de retraite au moyen d'un cordage double fortement tordu avec un billot.

Si un piquet menace de casser ou cède rapidement, ou si un nœud coule, l'instructeur fait éloigner les hommes, jusqu'à ce que le mouvement soit achevé. S'il juge alors qu'il n'est pas prudent de continuer la manœuvre, il fait établir, s'il en a les moyens, la pièce sur deux échafaudages.

Dans toutes les manœuvres de la chèvre à haubans et surtout quand on descend le fardeau, il est important d'éviter les à-coup. L'instructeur y veille avec le plus grand soin.

RENSEIGNEMENTS SOMMAIRES

SUR

LES MOUVEMENTS DE MATÉRIEL

RELATIFS AUX BOUCHES À FEU LOURDES.

AVANT-PROPOS.

La présente instruction est destinée à servir de guide dans l'exécution des mouvements du matériel emprunté à la marine, principalement au point de vue de l'armement des ouvrages. — Les dispositions qu'elle renferme ne sont pas rigoureusement obligatoires, et les circonstances locales pourront nécessiter des modifications. — Toutefois on devra s'écarter le moins possible des méthodes qu'elle prescrit, parce qu'elles ont reçu la sanction de l'expérience.

Pour les mouvements du matériel de côte, on a reproduit sommairement les prescriptions de l'instruction ministérielle du 18 août 1855, qui est devenue très-rare, et celles du titre VII.

L'instruction ne contient pas la description de toutes les manœuvres auxquelles peuvent donner lieu les mouvements de matériel. — Elle donne seulement les types des manœuvres principales, pour les cas où elles présentent le plus de difficultés. — Par exemple, pour établir la pièce sur les chantiers ou la conduire sur des rouleaux, la manœuvre est décrite pour le canon de 19ᶜ; par les mêmes principes et bien plus facilement, on pourra exécuter les mêmes manœuvres pour les pièces moins lourdes. — Cette observation ne sera pas reproduite dans le détail des manœuvres.

L'instruction se divise en quatre parties :

La *première partie* donne des renseignements sur les crics et les agrès spéciaux :

Crics de 5,000 kilogrammes.

Rouleau spécial de culasse.

Chaîne d'équipement (modèle 1851), pour canon de 16ᶜ (modèle 1858-1860) et obusier de 22ᶜ en fonte.

Chaîne d'équipement (modèle 1875), pour canon de 19ᶜ, pouvant remplacer la précédente.

Agrès de circonstance. — Élingues et double crochet à anneau; — câbles et chaînes.

Conditions d'emploi des chaînes et des cordages.

Nomenclature du chariot porte-corps.

La *deuxième partie* donne les procédés d'exécution des manœuvres qui s'opèrent habituellement avec le cric et les agrès simples :

Le canon de 19ᶜ à terre, l'établir sur des chantiers.

Conduire un canon de 19ᶜ sur des rouleaux.

Conduire l'affût marin non chargé ou chargé du canon de 19°.

La *troisième partie* contient le détail sommaire des manœuvres qui s'exécutent avec le secours des chèvres dressées sur leur pied :

Monter un canon de 16° ou un obusier de 22° sur l'affût marin.

Monter le canon de 16° sur l'affût de côte et le descendre.

Monter l'affût de côte sur le châssis et le descendre.

Charger le canon de 16° ou l'obusier de 22° sur le porte-corps.

Charger l'affût et le châssis de côte sur le porte-corps.

Monter le canon de 19° sur l'affût marin : 1° avec deux chèvres (modèle 1840); 2° avec une chèvre (modèle 1875).

La *quatrième partie* a pour objet l'armement des ouvrages par les murs de gorge, par les talus ou par les rampes :

Monter une pièce, un affût ou un châssis de côte au moyen de la chèvre à haubans.

Monter une pièce (obusier de 22°) sur un plan incliné avec la chèvre équipée en cabestan.

L'instruction se termine par des renseignements sur le poids du matériel, et un tableau récapitulatif des agrès et armements nécessaires pour l'exécution des diverses manœuvres.

PREMIERE PARTIE.

CRICS ET AGRÈS SPÉCIAUX.

Crics de 5,000 kilogrammes.

Rouleau spécial de culasse.

Chaîne d'équipement (modèle 1851) pour canon de 16° (modèle 1858-1860), et obusier de 22° en fonte.

Chaîne d'équipement (modèle 1875), pour canon de 19°, applicable au canon de 16° et à l'obusier de 22°.

Agrès de circonstance. — Élingues et câbles.

Conditions d'emploi des chaînes et des cordages.

Crics de 5,000 kilogrammes [1].

1. Pour les mouvements du matériel lourd, on emploie deux crics de la force de 5,000 kilogrammes environ chacun, un grand et un petit.

Le petit cric s'emploie pour les manœuvres où l'on a besoin de peu de course; le grand cric s'emploie le plus souvent.

---

[1] Ces crics, n'existant pas actuellement dans le matériel réglementaire de l'artillerie, sont achetés dans l'industrie.

Ils ont tous les deux la même nomenclature.

Cric ...
- Le corps en bois.
- La boîte contenant les engrenages.
- La base, en fer. — Ses 4 pointes.
- L'anneau.
- Les liens.
- La crémaillère,
  - La patte, à l'extrémité inférieure.
  - La double griffe à l'extrémité supérieure.
- Le disque denté.
- Le déclic.
- La manivelle. — Sa poignée en bois.

Lorsque le terrain ne présente pas assez de solidité pour donner au cric un bon appui, on place sous la base un plateau de chèvre (modèle 1875), portant à cet effet à la partie supérieure 4 logements pour les pointes du cric. On empêche tout glissement du plateau en l'enfonçant dans le sol de 2 ou 3 centimètres ou en l'assurant avec un piquet en fer.

2. En règle générale, toutes les fois que le cric doit agir verticalement, il est nécessaire que la base porte sur un terrain bien de niveau; au besoin, on donne quelques coups de pioche pour réaliser cette condition.

Toutes les fois qu'on applique le cric à une voiture qu'on ne veut pas pousser, il faut caler soigneusement les roues pour empêcher le fardeau de glisser ou de se renverser.

Lorsqu'on emploie le cric pour changer ou graisser une roue d'une voiture chargée, il est prudent de laisser reposer la voiture sur un échafaudage avant d'enlever la roue. On peut d'ail-

leurs graisser une roue sans l'enlever complète-
ment.

3. Le cric est fréquemment employé pour
dégager une voiture; dans ce cas, on se con-
tente en général d'appliquer le cric incliné derrière la voiture dans le sens où l'on veut la pousser,
la base mordant dans le sol; on agit à la manivelle tandis que les chevaux tirent.

Si la base glisse, on la bute au moyen d'un
piquet en fer enfoncé avec quelques coups de
masse.

Chaque cric marchant avec une voiture doit
toujours être accompagné de son plateau et d'au
moins un piquet en fer et une masse ferrée.

4. Deux hommes sont chargés de manœuvrer
le cric; ils le transportent en saisissant, l'un le
haut de la boîte, l'autre l'anneau.

Pour manœuvrer le cric, les deux hommes
se font face; chacun d'eux agit d'une main à la
manivelle et maintient le cric de l'autre main.

Quand on enlève le fardeau, le déclic doit
toujours poser sur le disque denté.

A mesure que le fardeau s'élève, si la manœuvre doit avoir une certaine amplitude, on
glisse sous le fardeau des échafaudages de sûreté toutes les fois qu'on en a les moyens.

Quand on descend le fardeau, les hommes
cèdent doucement au mouvement de la manivelle, sans jamais l'abandonner.

La crémaillère et les engrenages des crics
doivent toujours être soigneusement huilés.

Rouleau spécial de culasse.

5. Le rouleau de culasse est destiné à être engagé par la culasse dans l'âme des canons, soit pour fixer une élingue ou la chaîne d'équipement, soit pour lever la culasse au moyen du cric.

Le rouleau de culasse est d'un diamètre un peu plus petit que le grand rouleau ordinaire; il se distingue de ce dernier par une poignée dont il est muni à l'un de ses bouts.

Avant d'introduire le rouleau de culasse dans une pièce, on garnit d'un cordage vieux enroulé et fortement serré la partie qui doit s'engager dans l'écrou de culasse, de manière à lui donner le diamètre intérieur de cette partie de la pièce. On graisse le cordage et l'on a soin de ne pas traîner à terre le rouleau, qui doit toujours être propre.

Chaîne d'équipement (modèle 1851), pour canon de 16ᶜ (modèle 1858-1860) et obusier de 22ᶜ.

6. La chaîne d'équipement (modèle 1851) se compose de trois parties :

1ʳᵉ partie.
{ Le crochet de volée.
Les mailles ordinaires.
Les 2 mailles longues.
Les 2 petits anneaux ronds.
La maille torse.

2^e
partie.
{
Les 2 grands anneaux de suspension.
Les 2 mailles longues.
Les mailles ordinaires.
}

3^e
partie.
{
Les 2 mailles longues du crochet de culasse.
Les 2 mailles ordinaires.
Le petit anneau.
Les petites mailles.
Le crochet de culasse.
}

Le poids total de la chaîne est de 50 kilogrammes. La chaîne d'équipement sert à suspendre à la chèvre les pièces qui n'ont pas d'anses. On l'emploie de la manière suivante.

7. *Canon de 16ᶜ (modèle 1858-1860).* — Étendre la deuxième partie de la chaîne sur le renfort, la première partie tombant à droite à hauteur de la gorge de la volée, la troisième tombant du même côté en arrière de la culasse. — Envelopper la volée avec la première partie et engager le crochet de volée dans le petit anneau rond. — Passer la troisième partie sous le rouleau de culasse contre la culasse, et engager le crochet dans la deuxième maille.

8. *Obusier de 22ᶜ.* — Procéder comme il vient d'être indiqué pour le canon de 16ᶜ, sauf les modifications suivantes :

Accrocher le crochet de volée dans la maille libre. Accrocher le crochet de culasse dans la première maille.

Chaîne d'équipement (modèle 1875), pour canon de 19°, applicable au canon de 16° et à l'obusier de 22°.

9. La chaîne d'équipement (modèle 1875)[1] se compose comme la précédente de trois parties :

1re partie.	La ganse de volée. Les mailles (une série de 7, une série de 23). Le crochet. L'anneau.
2e partie.	La chaîne de suspension. Le grand anneau. La grande maille. Les mailles ordinaires. Le petit anneau.
3e partie.	La ganse de culasse. Les mailles ordinaires (une série de 10, une série de 16). Le crochet. Les grandes mailles (quatre).

La chaîne est construite pour lever un canon de 19° du poids de 8,000 kilogrammes. Le poids total de la chaîne est de 100 kilogrammes environ.

Le mode de construction de la chaîne (modèle 1875) permet de l'employer au besoin pour lever le canon de 16° (modèle 1858-1860) et l'obusier de 22°.

---

[1] Voir les tables de construction de la chèvre de place n° 1 (modèle 1875). — 21 mars 1876.

On pourrait l'approprier pour le canon de 16ᵉ (modèle 1864) ou (modèle 1870), en remplaçant par des anneaux une maille de la chaînette de volée et une maille de la chaînette de culasse.

10. *Canon de 19ᶜ.* — Disposer la deuxième partie de la chaîne sur le renfort, la première partie tombant à droite du côté de la volée, la troisième partie tombant du même côté de la culasse. — Envelopper la volée avec la première partie, en avant de la dernière frette, et engager le crochet de volée dans la première maille de la chaînette. — Passer la troisième partie sous le rouleau de culasse contre la culasse, et engager le crochet dans le petit anneau de la chaînette. Éviter toute torsion de la chaîne.

11. *Canon de 16ᶜ (modèle 1858-1860) et obusier de 22ᶜ.* — Disposer la chaîne comme il vient d'être dit, en accrochant le crochet de volée dans l'anneau d'assemblage de la première partie, et le crochet de culasse dans l'anneau d'assemblage de la troisième partie.

Agrès de circonstance.
Élingues. — Câbles et chaînes.

12. A défaut de chaîne d'équipement, on peut employer pour lever les canons sans anses un *double crochet à anneau,* dans lequel on engage deux élingues, dont l'une est enfilée sur la volée et l'autre embrasse le rouleau ou le bouton de culasse.

Les élingues sont des couronnes faites avec un bout de câble épissé. — Les dimensions les plus convenables pour lever le canon de 19ᶜ sont les suivantes :

Élingue de volée. — Diamètre, 70 mill.; longueur développée, 2ᵐ,25.

Élingue de culasse. — Diamètre, 50 à 55 cent.; longueur développée, 2ᵐ,80.

Ces élingues peuvent servir également à lever le canon de 16ᶜ et l'obusier de 22ᶜ; seulement, dans ce cas, on perd de la hauteur et on ne peut pas monter la pièce sur l'affût de côte, en employant la chèvre (modèle 1840).

Pour ménager les élingues, on engage dans les crochets, les épissures, que l'on protège par une garniture en ficelle ou en cuir.

Les élingues ne sont qu'un agrès de circonstance. Lorsqu'elles ont longtemps séjourné en magasin, on ne doit pas les employer avant de les avoir visitées avec soin et éprouvées. Elles ont l'avantage d'être très-légères et de servir à lever des fardeaux très-variés.

13. *Lorsqu'on n'a pas d'élingue à sa disposition,* on peut y suppléer en habillant la pièce avec un câble de l'une des manières suivantes:

Si l'on a un double crochet à anneau. — Suspendre l'anneau à quelques centimètres au-dessus de la pièce, le milieu correspondant au derrière des tourillons; les crochets dans la direction de la volée et de la culasse, le bec en dessus. — Engager le milieu d'un câble doublé dans le crochet de derrière. — Ramener les deux brins du câble à la culasse en les appliquant sur la partie supérieure du renfort; les attacher ensemble vers le milieu du renfort par une jarretière peu tendue. — Faire un demi-nœud sous le rouleau ou le bouton de culasse. — Ramener les deux brins par-dessus la pièce; les attacher ensemble par une jarretière lâche sous les brins qui viennent du crochet; les croiser dans le crochet de devant; les passer sous la pièce en formant un demi-nœud sous la naissance de la volée et les arrêter par un nœud droit dans le crochet de devant.

Une pièce de 19ᶜ ainsi habillée s'enlève bien horizontalement.

Si l'on n'a pas de double crochet à anneau. — On opère comme il vient d'être indiqué en fixant le câble aux crochets de la poulie enchapée de la chèvre. Seulement, la manœuvre est moins régulière et l'on fatigue davantage le cordage.

Pour les canons de 16ᶜ (modèle 1858-1860) et l'obusier de 22ᶜ, on peut remplacer le câble par une prolonge doublée en bon état ou encore par une chaîne de chèvre (modèle 1840).

Conditions d'emploi des chaînes et des cordages.

1° Chaînes.

14. Les chaînes sont nécessairement construites en fer de bonne qualité. Lorsque les soudures des mailles sont bonnes et que la forme des mailles se rapproche du type indiqué dans le croquis, on peut en toute sécurité faire supporter à la chaîne un effort de traction longitudinale représenté en kilogrammes par 8 fois le carré du calibre de la chaîne exprimé en millimètres. — Ceci revient à dire que la chaîne travaille dans des conditions pratiques, lorsque les parties droites

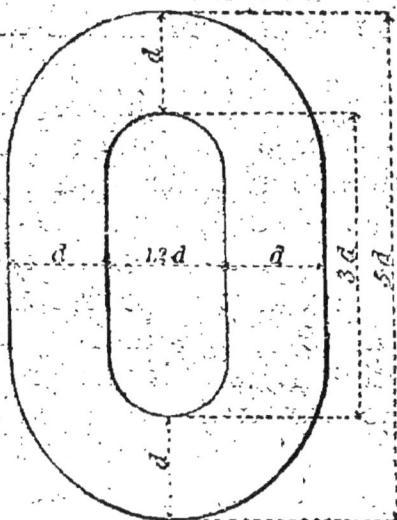

Maille type.

d représente le calibre de la chaîne.

des mailles supportent une charge longitudinale qui ne dépasse pas 5 kilogrammes par millimètre carré de section.[1]

Lorsque les mailles sont plus ouvertes que celles du type indiqué, la résistance de la chaîne diminue.

Les anneaux intercalés dans les chaînes

---

[1] On dit encore que le calibre de la chaîne s'exprime par la formule $d = 0,35\sqrt{P}$, P étant la charge pratique maximum exprimée en kilogrammes. Dans l'industrie on diminue jusqu'à $d = 0,3_2\sqrt{P}$.

Lorsqu'on n'est pas très-sûr de la qualité des soudures et qu'on veut une grande sécurité pour des chaînes qui doivent rester longtemps chargées ou recevoir des chocs violents, on emploie quelquefois la formule $d = 0,5\sqrt{P}$.

doivent avoir un calibre de 1/6 plus fort que les mailles.

Les crochets doivent avoir au coude une épaisseur supérieure de moitié au moins au calibre de la chaîne.

Le tableau ci-dessous donne le calibre, la charge d'épreuve et la charge pratique maximum de quelques chaînes employées dans les mouvements de matériel. — On admet que la charge pratique ne doit jamais dépasser le 1/3 de la charge d'épreuve. La charge d'épreuve est généralement de 14 à 15 kilogrammes par millimètre carré de section et ne doit pas produire de déformation permanente.

CHAINES.	CALIBRE.	CHARGE		POIDS	
		D'ÉPREUVE.	PRATIQUE maxima.	DU MÈTRE courant environ.	TOTAL environ.
	mill.	kilogr.	kilogr.	kilogr.	kilog.
De timon de siège	10	1,500	500	»	»
De bout de trait ordinaire	9	1,100	370	»	»
De chèvre (modèle 1840).	16	4,500	1,500	5.5	58
Calibrée pour chèvre (modèle 1875)	18	8,000	2,670	6.5	»
D'équipement (modèle 1851). — Mailles ordinaires. . . .	23	8,000	2,670	11.3	50
D'équipement (modèle 1851). — Petites mailles	16	4,500	1,500	5.5	
D'équipement (modèle 1875). — Mailles ordinaires. . . .	29	18,000	6,000	18	100
D'équipement (modèle 1875). — Petites mailles	23	9,000	3,000	11	

La résistance des chaînes diminue par les froids vifs et il devient alors prudent de ne pas atteindre la charge pratique indiquée dans le tableau qui précède, charge qu'on ne doit jamais dépasser.

Lorsqu'on fait usage de chaînes, il est indispensable de se rendre un compte exact de l'effort qu'auront à supporter les différents brins.

Pour la chèvre, les différents brins étant à peu près verticaux, on admet qu'ils supportent la même fraction du fardeau; ainsi, avec la chèvre (modèle 1875) équipée à trois brins, on peut à la rigueur enlever 8,000 kilogrammes. — Mais lorsque les brins agissent obliquement, la fraction de l'effort supportée par chacun d'eux est plus grande; ainsi, si l'on enlevait un fardeau avec une chaîne dont les deux brins formeraient entre eux un angle droit, chaque brin serait soumis à un effort qui ne serait plus la moitié du poids du fardeau, mais environ les 7/10 de ce poids.

2° Cordages.

15. La charge pratique la plus forte que l'on fasse supporter aux cordages est représentée par un nombre de kilogrammes égal au double du carré de leur diamètre exprimé en millimètres.

La charge ainsi calculée représente environ la moitié de la force du cordage, c'est-à-dire du poids qu'il peut supporter sans se rompre [1].

---

[1] Le diamètre des cordages se calcule par la formule $d = 0,7 \sqrt{P}$, P étant la charge pratique maxima. — Cette for-

Le tableau suivant donne les dimensions, la force et la charge pratique maximum de quelques cordages employés pour les mouvements de matériel.

NATURE DES CORDAGES.	LONGUEUR.	DIAMÈTRE.	POIDS.	FORCE.	CHARGE PRATIQUE maxima.
	mèt.	mill.	kil.	kil.	kil.
Câble de chèvre.....	36	40 à 42	50	6,400	3,200
Câble de sonnette ...	15	40 à 44	22		
Pro- { double.......	25	27 à 30	17.5	2,916 [a]	1,454 [a]
longe { simple.......	15	24 à 26	7.5	2,500	1,250
Trait à canon.......	4	27 à 30	2.75	3,364 [b]	1,682 [b]
Élin- { de volée pour canon de 19ᶜ	2.60	70	11.0	18,000	9,000
gues { de culasse pour canon de 19ᶜ	3.20	50 à 55	10	10,000	5,000
Cordage de palan ...	100	18 à 20	"	1,296	650

[a] Pour 27 mill. — [b] Pour 30 mill.

Le goudron affaiblit à la longue les cordages. — La graisse, l'huile les affaiblissent aussi et n'en augmentent pas la durée. — Les cordes

mule n'indique rien d'absolu. En effet, l'effort de traction longitudinale qu'on peut faire supporter en toute sécurité à chaque millimètre carré de la section transversale des cordages est :

Pour les cordages en chanvre bien conditionnés {
de 13 à 14 mill. de diamètre.... 3ᵏ25
de 23................. 3 00
de 40 à 54 .... 2 75
vieux, de 23 .... 2 10

mouillées perdent quelquefois la moitié de leur force. — L'humidité détériore les cordages très-rapidement; aussi, lorsque des cordages ont séjourné longtemps en magasin, on ne doit pas les employer avant de les avoir visités et éprouvés. — En outre, on ne doit pas oublier que les cordages qui travaillent constamment à la charge pratique maxima que nous avons indiquée s'usent assez vite.

Chariot porte-corps.

Nomenclature.

16. Le chariot porte-corps se compose d'un arrière-train et d'un avant-train, disposés de manière à répartir le poids du fardeau sur les deux trains.

Voici la nomenclature sommaire des parties qu'il est indispensable de connaître:

Arrière-train.
Les brancards du milieu.
L'entretoise de devant.
Le coussinet de volée.
Le heurtoir de culasse.
Les brancards des côtés.
L'épars de derrière.
Les épars de devant.
Les planches de fond.
Le treuil. — Les crochets, les lunettes, le corps.
Les bandes de renfort d'épars.
Les étriers de ranchet.
Les anneaux de manœuvre.
L'anneau d'embrêlage.
Les leviers de treuil (ils se placent sous le porte-corps, engagés par le gros bout dans des entailles du corps d'essieu, suspendus par le petit bout à des crochets).

Arrière-train. (Suite.)	La sellette-fourchette	La cheville-ouvrière. La bande circulaire. La chaine d'embrélage. — La clef, la chevillette.
	La volée de derrière. — Les crochets d'attelage.	
	Le timon.	La patte à piton. Les chaînes de timon.
	La volée de devant.	Le crochet de volée. Le double crochet d'attelage du milieu. Les crochets d'attelage des bouts.

Le poids total du chariot et de son avant-train (roues comprises) est de 1,300 kilogrammes environ.

Le chariot porte-corps est destiné à transporter les bouches à feu, les affûts de place ou de côte, les affûts marins et les gros projectiles.

Pour le transport des gros projectiles, il reçoit un *cadre,* dont les ranchets se fixent dans les étriers de ranchet portés par les brancards des côtés.

Pour le transport de l'affût de côte en fonte, il reçoit un coussinet d'affût qui embrasse les brancards des côtés à la partie antérieure du chariot (fig. 1, p. 58).

Pour le transport du châssis en fonte, il reçoit un coussinet de devant et un coussinet de derrière (fig. 2), embrassant les brancards des côtés, à leur partie antérieure et à leur partie postérieure, et un tasseau de directrice (fig. 3), dont la queue se loge entre les brancards du milieu.

Pour le transport de l'obusier de 22ᵉ en fonte, on supporte la volée par un tasseau de volée (fig. 4) dont la queue se loge entre les brancards du milieu, le devant à peu près à l'aplomb de l'anneau d'embrêlage.

17. Le porte-corps peut supporter sans fatigue un charge de 4,000 kilogrammes environ; il est prudent de ne pas dépasser cette charge. Toutefois, à Vincennes, on a pu transporter un canon de 19ᵉ (poids 7,800 kilogrammes) sur un porte-corps. — Il ne faut imposer une pareille charge au chariot que lorsqu'il est impossible d'agir autrement, et l'on doit visiter minutieusement toutes les parties de la voiture avant de la charger.

18. On attelle deux chevaux sur la volée de derrière du chariot, les autres chevaux s'attellent trait sur trait à la volée de devant. — Le nombre des chevaux est proportionné à la charge [1].

Il est bon de remplacer au moins les harnais de derrière de volée de devant par des harnais à traits renforcés.

---

[1] Les chevaux de l'artillerie travaillant au petit pas de 4 kilomètres à l'heure peuvent soutenir un effort moyen de 70 à 80 kilogrammes environ pendant une marche de 8 à 10 heures, si les chevaux sont bien entretenus. — Quand le nombre des chevaux d'un attelage augmente, l'effort moyen dont chaque cheval est capable diminue, et, pour des attelages de 8 à 10 chevaux, il ne faut pas compter sur un effort moyen soutenu de plus de 60 kilogrammes dans les conditions indiquées.

MOUVEMENTS

PIÈCES EN BOIS
EMPLOYÉES POUR LE TRANSPORT DU MATÉRIEL DE CÔTE SUR LE PORTE-CORPS.

Fig. 1. — Coussinet pour le chargement de l'affût de côte.

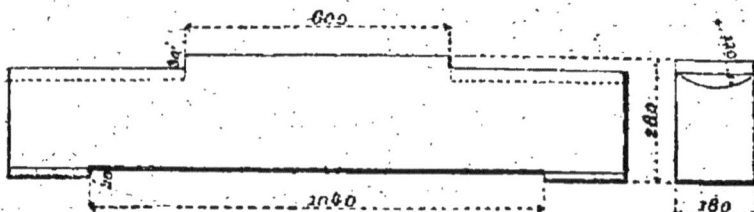

Fig. 2. — Coussinets pour le chargement du châssis :
1° de derrière.

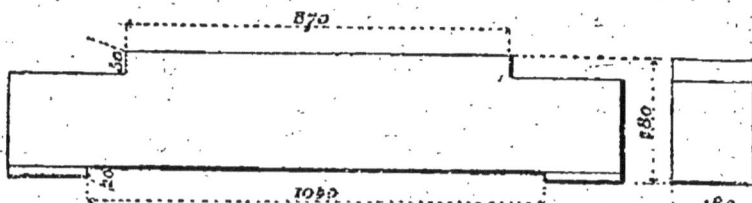

2° de devant.

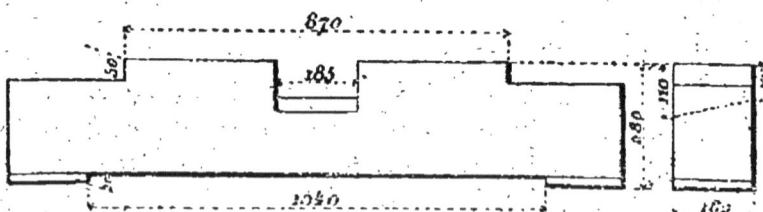

Fig. 3. — Tasseau
pour la directrice.

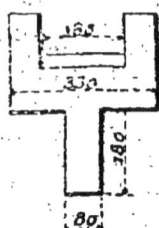

Fig. 4. — Tasseau
pour volée d'obusier.

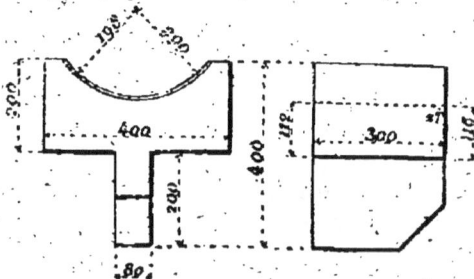

Échelle $\frac{1}{20}$ pour toutes les figures.

DEUXIÈME PARTIE.

MOUVEMENTS DE MATÉRIEL QUI S'EXÉCUTENT
A L'AIDE DU CRIC ET DES AGRÈS SIMPLES.

La pièce à terre, l'établir sur des chantiers.

Conduire une pièce sur des rouleaux.

Conduire l'affût marin chargé ou non chargé de sa pièce.

La pièce (de 19ᶜ) à terre, l'établir sur des chantiers.

19. *Agrès* : 1 rouleau de culasse. — 1 grand rouleau ordinaire [1]. — 4 grandes cales. — 1 chantier. — 3 demi-chantiers. — 2 bouts de madrier (de 8 cent. d'épaisseur autant que possible). — 1 grand cric de 5,000 kilogrammes. — 1 plateau de pointes de cric. — 1 trait à canon. — 4 leviers. — 1 pelle et 1 pioche.

Six servants sont généralement nécessaires.

Introduire dans l'âme à la bouche le grand rouleau ordinaire (ou un rouleau de culasse), en le laissant dépasser de 10 centimètres envi-

---

[1] Dans le cas du canon de 16ᶜ, un deuxième rouleau de culasse remplace le rouleau ordinaire.

ron; engager de même à la culasse le rouleau
spécial garni en cordage vieux. — Caler la culasse de chaque côté avec une grande cale. —
Soulever la volée avec le cric, dont la patte
s'applique sous le rouleau. — Glisser un bout
de madrier en travers sous la volée, et le sur-
monter d'un demi-chantier. — Pousser successivement cet échafaudage le plus près possible
de la naissance de la volée, à mesure que la
bouche s'élève. — Caler la volée sur le demi-
chantier avec deux grandes cales. — Appliquer
la patte du cric sous le rouleau de culasse; soulever la pièce et placer sous la culasse un bout
de madrier, que l'on surmonte d'un demi-chantier. — Pousser successivement cet échafaudage
le plus près possible des tourillons à mesure que
la culasse s'élève. Caler la pièce sur le demi-
chantier, ou mieux sur deux demi-chantiers bout
à bout. Appliquer le cric à la bouche et soulever
jusqu'à ce qu'on puisse remplacer le demi-chantier de volée par un chantier. — La pièce ainsi
disposée a son axe à peu près horizontal.

On ôte les chantiers suivant les mêmes principes et par les moyens inverses.

Remarques. — Le diamètre du renfort est trop
grand par rapport à la longueur du demi-chantier, pour qu'on puisse caler la pièce assez solidement pour soulever la volée; c'est pourquo
l'on recommande de mettre sous la culasse deux
demi-chantiers bout à bout, ou une pièce équi-
valente, pour éviter le renversement.

Lorsque le terrain est mauvais, la manœuvre

peut ne pas marcher aussi simplement qu'on vient de l'indiquer. — Dans ce cas, il faut toujours commencer par engager sous la volée, le plus loin possible, un bout de madrier (surmonté de deux pinces de levier juxtaposées, si c'est possible), puis soulever la culasse et glisser sous elle un bout de madrier. — On peut alors exécuter la manœuvre telle qu'elle est décrite.

Il est nécessaire d'établir le cric sur un terrain bien de niveau; on donne au besoin quelques coups de pioche. — Il suffit en général d'enfoncer la base du cric de 2 ou 3 centimètres pour qu'elle ne puisse pas glisser.

Sur un terrain solide, on peut se dispenser de transporter le cric de la volée à la culasse. — On glisse du premier coup, un peu en arrière des tourillons, un bout de madrier surmonté de deux pinces de levier juxtaposées; on baisse la volée et l'on place les demi-chantiers de culasse. — On termine comme ci-dessus.

Conduire une pièce (de 19°) sur des rouleaux.

20. *Agrès :* 2 grands rouleaux. — 1 rouleau de culasse. — 3 demi-chantiers. — 3 ou 4 chantiers. — 2 bouts de madriers. — 4 madriers. — 4 grandes cales. — 2 ou 3 traits à canon. — 1 grand cric de 5,000 kilogrammes. — 6 leviers. — 2 piquets en fer. — 1 masse ferrée. — 1 pelle. — 1 pioche. — 1 morceau de bois (bout de cale).

Douze hommes sont généralement nécessaires.

Établir, d'après les principes de la manœuvre

précédente, la pièce sur deux grands rouleaux, l'un sous les tourillons, l'autre sous la volée, à 80 centimètres environ de la bouche. Ces rouleaux reposent par leur bout sur deux madriers parallèles à l'axe de la pièce et écartés entre eux de 50 centimètres environ. *Pour empêcher la pièce de tourner,* fixer à chacun des tourillons un trait à canon que l'on passe par-dessus la pièce; faire à la longueur convenable une boucle dans laquelle on engage un levier dont la pince prend appui contre la partie inférieure de la pièce; trois hommes s'appliquent à chacun des leviers (si le terrain penche du côté d'un des tourillons, on peut attacher deux traits à canon à ce tourillon pour agir de l'autre côté avec deux leviers et six hommes). Engager dans la culasse le rouleau spécial garni en cordage vieux; y appliquer dans le prolongement de la pièce la griffe du cric, dont la base porte contre un chantier buté par un ou deux piquets en fer. Manœuvrer au cric jusqu'à ce qu'il arrive à la fin de sa course; caler un des rouleaux. — Placer un deuxième chantier bout à bout avec le premier; recommencer la manœuvre avec le cric. — Répéter la même manœuvre avec trois chantiers bout à bout. — Arracher les piquets et les transporter en avant de trois longueurs de chantier. — Continuer ainsi jusqu'à ce que la pièce soit rendue à son poste.

On fait marcher la pièce en sens inverse d'après les mêmes principes, en appliquant le cric à la bouche par une des griffes de la double griffe de crémaillère, l'autre griffe mordant dans un morceau de bois appliqué à la partie supérieure de l'âme.

Quand le rouleau de devant passe d'un madrier sur un autre, il est prudent de dégager le rouleau avec le cric et de le reporter un peu en avant.

Conduire l'affût marin non chargé de sa pièce.

21. *Agrès :* 6 leviers. — 2 grands rouleaux. — 2 madriers. — 2 bouts de madrier.

Huit hommes suffisent toujours pour la manœuvre.

Placer un madrier sous chaque roue, en soulevant le devant de l'affût avec deux leviers en croix appliqués sous la fusée d'essieu. Soulever avec des leviers la queue des flasques et engager sous chaque échantignolle un grand rouleau. — On fait alors rouler facilement l'affût.

Si le terrain est ferme et les roues graissées, on peut se dispenser de placer des madriers sous les roues.

L'affût marin de 16° étant très-léger, il n'est pas indispensable d'employer des rouleaux pour le conduire.

Pour un trajet un peu long, on attelle les affûts marins à un avant-train de siége.

Conduire l'affût marin de 19° chargé de sa pièce.

22. *Agrès :* 1 cric (grand) de 5,000 kilogrammes. — 1 plateau de cric. — 2 piquets en fer. — 2 masses. — 4 ou 6 madriers. — 2 grands rouleaux. — 3 chantiers. — 1 demi-chantier. — 4 grandes cales. — 1 bout de planche. — 2 traits à canon.

Douze hommes au moins sont nécessaires pour conduire l'affût de 19°.

Appliquer le cric sous une fusée d'essieu, pour établir sous le devant de l'affût un échafaudage d'un chantier, un demi-chantier et un bout de planche. — Graisser la roue et glisser dessous un madrier. — Enlever l'échafaudage en s'aidant du cric. — Graisser de même l'autre roue et l'établir sur un madrier. Soulever la queue de l'affût au moyen de leviers ou d'un cric, et placer sous chaque échantignolle un rouleau portant sur un madrier. Faire marcher l'affût en embarrant sous les fusées d'essieu (2 leviers), sous l'entretoise de derrière (2 leviers) et sous les plaques de levier à galets (2 leviers), avec deux hommes à chaque levier. — Pour marcher en arrière, embarrer sous les fusées d'essieu et sous les bouts des flasques, et appliquer des hommes à des traits à canon fixés aux anneaux de manœuvre. Si la manœuvre est pénible, pousser avec un cric comme il est prescrit pour conduire la pièce sur des rouleaux (n° 20).

Les deux rouleaux ne se dégageant généralement pas en même temps, il n'y a pas de manœuvre de force à faire pour les replacer.

Lorsque le sol est très-résistant et assez uni, on ne place pas de madriers sous les roues ni sous les rouleaux.

TROISIÈME PARTIE.

MOUVEMENTS DE MATÉRIEL QUI S'EXÉCUTENT
A L'AIDE DES CHÈVRES DRESSÉES SUR LEUR PIED.

23. Les agrès suivants doivent toujours accompagner les chèvres destinées à être manœuvrées sur leur pied.

Chèvre (modèle 1840) : 4 leviers. — 2 chaînes. — 2 poulies enchapées. — 1 arrêt de chaîne. — 2 traits à canon. — 1 prolonge. — 2 jarretières. — 1 chaîne d'équipement (modèle 1851). — 3 plateaux de pointes. — 3 piquets en fer. — 2 masses ferrées. — 1 pelle. — 1 pioche.

Chèvre (modèle 1875) : 4 leviers ordinaires (ou 4 leviers marins). — 2 leviers de monte-charge. — 1 civière à chaîne contenant : 1 chaîne de 25 mètres, 1 poulie enchapée simple, 1 marteau-rivoir, 2 clefs anglaises, 1 bidon à huile, 1 burette à huile, 1 gamelle, 1 pinceau et des chiffons. — 2 traits à canon. — 1 prolonge double. — 1 jarretière double (10 mètres de longueur). — 1 chaîne d'équipement (modèle 1851). — 2 élingues en câble et 1 crochet double à anneau. — 3 plateaux de pointes. — 3 piquets en fer. — 2 masses ferrées. — 1 pelle. — 1 pioche.

Dans le détail des manœuvres, on supposera toujours les chèvres pourvues des agrès dont on vient de donner la nomenclature. Pour éviter des répétitions, on ne donnera que l'énumération des agrès nécessaires, indépendamment de ceux qui accompagnent les chèvres.

Les officiers et les sous-officiers ne devront négliger aucune des précautions indiquées dans le titre VII du règlement du 17 avril 1869 et dans l'Instruction sur les manœuvres de la chèvre (modèle 1875). Aucune de ces prescriptions ne sera rappelée dans le détail des manœuvres.

Monter un canon de 16ᶜ ou un obusier de 22ᶜ sur l'affût marin ou sur le porte-corps.

Monter le canon de 16ᶜ sur l'affût de côte et le descendre.

Monter l'affût de côte sur le châssis et le descendre.

Charger l'affût de côte et le châssis sur le porte-corps.

Charger l'affût marin sur le porte-corps.

Monter le canon de 19ᶜ sur l'affût marin.

Monter un canon de 16ᶜ ou un obusier de 22ᶜ sur l'affût marin ou sur le porte-corps.

24. *Agrès* : 1 chèvre (modèle 1840) ou (modèle 1875, avec les agrès ordinaires.

Canon de 16ᶜ. — Enlever la culasse, le cadran,

l'appareil de sûreté, le piton double, la boîte de hausse et le fronteau de mire. — Introduire dans l'âme à la culasse le rouleau de culasse garni de cordage vieux (n° 5). — Équiper la pièce de la chaîne d'équipement (modèle 1851), comme il est prescrit (n° 7). — Dresser la chèvre (modèle 1840) au-dessus de la pièce et l'équiper à trois brins. — Fixer les crochets de la poulie enchapée au grand anneau de suspension *de devant*, et le crochet de la chaîne de chèvre à une couronne formée sur le grand anneau *de derrière*.

Obusier de 22^c. — Enlever la boîte de hausse et le fronteau de mire. — Équiper l'obusier de la chaîne d'équipement (voir n° 8). — Équiper la chèvre (modèle 1840) à trois brins. — Fixer les crochets de la poulie enchapée au grand anneau de suspension de *derrière* et le crochet de la chaîne de la chèvre à une couronne formée sur le grand anneau de *devant*.

25. Le détail qui précède est donné pour la chèvre (modèle 1840). Avec la chèvre (modèle 1875), on équipe à deux brins seulement et l'on accroche les crochets de la poulie enchapée au grand anneau de suspension indiqué, en évitant de pincer les mailles de la chaîne d'équipement, qui s'engagent dans l'anneau.

26. Si, au lieu de la chaîne d'équipement (modèle 1840), on emploie la chaîne (modèle 1875) pour canon de 19^c, on équipe la pièce comme il est indiqué (n° 11), en faisant la couronne sur la grande maille de la deuxième partie de la chaîne, pour le cas de la chèvre (modèle 1840). (Accrocher alors la poulie enchapée à l'anneau d'assemblage de la première partie.)

27. Lorsqu'on monte la pièce sur le porte-corps, il faut éviter de laisser pincer la chaîne d'équipement. A cet effet, placer la pince d'un levier en travers du porte-corps sous les tourillons. Descendre la pièce de manière qu'elle s'applique par la culasse contre l'épars de derrière et qu'elle repose par-devant sur la pince de levier. Décrocher le crochet de culasse de la chaîne d'équipement; ramener celle-ci en avant de la bande de renfort de l'épars de devant et la maintenir avec les mains pendant qu'on manœuvre pour monter un peu. La volée s'élève et le porte-corps recule; retirer la pince de levier. Descendre la pièce et enlever la chaîne d'équipement.

Si c'est l'obusier que l'on charge sur le porte-corps, il faut mettre en place le tasseau de volée (voir n° 16) entre les brancards du milieu, de manière qu'il touche la plate-bande de la bouche lorsque l'obusier est descendu sur le porte-corps. A défaut de tasseau, il faut clouer des cales sous la naissance de la volée.

Avant de se mettre en route, on brêle la pièce avec une prolonge : engager la prolonge par le milieu dans les crochets du treuil; croiser les brins et faire un tour de chacun d'eux sur un tourillon. Croiser les brins sous le brancard du milieu en avant des épars de devant; les ramener par-dessus la volée et les arrêter par un nœud droit avec assez de jeu pour engager un fort billot (ou un levier) entre la pièce et la prolonge. Serrer fortement la prolonge au moyen du billot que l'on arrête par une jarretière, et du treuil dont on laisse porter un levier contre la culasse.

Il est toujours prudent de caler le renfort de chaque côté et de clouer les cales sur les planches du fond du porte-corps.

Monter le canon de 16° sur l'affût de côte et le descendre.

28. *Agrès* : 1 chèvre (modèle 1840) ou (modèle 1875) avec ses agrès ordinaires.—2 chantiers. — 2 cales. — 1 levier à galet d'affût de côte. — 2 leviers de rouleaux.

1° *Monter la pièce.* — Disposer la pièce sur la plate-forme, la lumière en dessus, l'axe suivant un rayon de la voie circulaire, les tourillons un peu en avant de la voie circulaire. Amener le châssis à quelques centimètres en dehors du tourillon le plus rapproché. Disposer la chaîne d'équipement sur la pièce. Dresser la chèvre, la tête un peu en arrière des tourillons, le pied dans l'angle formé par l'entretoise de derrière et la directrice, de manière qu'en portant le châssis vers les hanches, la roulette ne puisse pas rencontrer le pied de la chèvre. Équiper la chèvre comme pour la manœuvre précédente.

(n°s 24 et 25) et monter la pièce à hauteur convenable. Amener le châssis sous la pièce et faire
reculer l'affût jusqu'à ce que les tourillons soient
au-dessus de leurs encastrements; caler les roulettes. Descendre la pièce; remettre l'affût en
batterie.

Pour le succès de la manœuvre, si l'on se
sert de la chèvre (modèle 1840), il importe de ne
pas exagérer l'écartement du pied et des
hanches, afin de ne rien perdre de la hauteur
de la chèvre.

Avant de laisser descendre la pièce sur son
affût, il faut s'assurer que les coussinets des
tourillons sont bien disposés, c'est-à-dire la
bordure en dedans.

2° *Descendre la pièce.* — Disposer la chaîne
d'équipement sur la pièce. Faire reculer l'affût
autant que possible. Dresser la chèvre, le pied
du côté vers lequel on veut pousser le châssis,
en dehors de la voie circulaire; la tête au-dessus et un peu en arrière des tourillons. Équiper
la chèvre. Ne pas caler les roulettes. Monter la
pièce pour dégager les tourillons. Remettre
l'affût en batterie. Pousser le châssis vers le
pied et caler les roulettes. Descendre la pièce
sur deux chantiers.

Monter l'affût de côte sur le châssis et le descendre.

29. *Agrès* : Les mêmes que pour la manœuvre précédente.

1° *Monter l'affût.* — Disposer l'affût parallèlement au châssis et près d'un des côtés, les rouleaux entre la voie circulaire et l'épaulement, un peu en avant des arrêts de derrière du châssis. Disposer la chèvre et l'équiper comme pour la manœuvre précédente (n° 28, 1°). Équiper l'affût ; placer une prolonge dans les encastrements des tourillons, le milieu entre les deux flasques ; passer chaque brin dans l'angle supérieur des flasques de dehors en dedans ; envelopper l'entretoise supérieure de devant, puis l'entretoise de mire, de manière à avoir quatre brins également tendus ; réunir les bouts de la prolonge par un nœud droit. Saisir avec les crochets de la poulie enchapée les quatre brins de la prolonge à peu près vers le milieu de leur longueur et arrêter les crochets avec une jarretière pour les empêcher de glisser. Terminer la manœuvre comme il est prescrit pour monter la pièce.

2° *Descendre l'affût.* — Procéder d'après les mêmes principes que pour monter l'affût et par les moyens inverses.

3° *Passer l'affût du châssis sur le porte-corps.* — Mêmes agrès que pour les manœuvres précédentes et, en outre, une clef à écrous d'affût de côte. Disposer la manœuvre comme pour descendre l'affût du châssis. L'affût étant suffisamment élevé, pousser le châssis vers le pied de la chèvre ; enlever la directrice. Pousser le châssis en dehors de la voie circulaire le plus loin possible. Faire tourner l'affût, la crosse du côté de l'épaulement ; amener le porte-corps.

Charger l'affût de côte sur le porte-corps.

30. Descendre l'affût sur le porte-corps, l'essieu en avant, le dessous de la crosse posant sur la bande de renfort de l'épars de derrière, les deux branches du guide de crosse appuyées contre le derrière de l'épars, pour empêcher l'affût de glisser en avant dans les descentes; le devant des flasques posant au fond des entailles du coussinet (fig. 1) disposé à la partie antérieure du porte-corps. Brêler l'essieu contre l'épars de devant et la queue de l'affût contre l'épars de derrière.

On complétera le chargement du porte-corps avec les objets suivants :

2 rouleaux d'affût. — 2 rondelles et 2 esses. — 1 bande de direction de roulettes de châssis. — 3 tampons de douille. — 1 sellette avec boulons, écrous, etc. — 1 cheville-ouvrière. — 3 leviers de rouleau. — 1 levier à galet. — 1 clef à écrou. — 1 vis de pointage et son écrou (dans une caisse). — 1 coussinet et 1 plateau de pointage. — 2 coins de mire. — 2 coins. — Sabots et leur traverse. — 2 coussinets de tourillon.

Le poids total du chargement est de 2,250 kilogrammes environ.

La sellette et les rouleaux sont posés entre les flasques sur des bouts de madrier destinés à ménager les planches de fond du chariot. On incline la sellette pour qu'elle occupe moins de place, et l'on fait appuyer le dessous contre l'essieu garni de mèche. Les menus objets sont

renfermés dans une boîte que l'on place en
arrière des rouleaux. Deux bouts de planche
contre les flasques empêchent les objets de
tomber.

Charger le châssis de côte
sur le porte-corps.

31. *Agrès* : 1 cric. — 2 lambourdes. —
4 chantiers. — 1 demi-chantier. — 1 grande
élingue ou une chaîne d'équipement. — 4 cales.
— 4 traits à canon. — 1 chèvre (modèle 1840)
avec ses agrès ordinaires. — 2 coussinets de
châssis. — 1 tasseau de directrice.

Le châssis est sur la plate-forme; la directrice
est enlevée.

Soulever (avec le cric appliqué sous l'entretoise de derrière) le derrière du châssis; placer
sous chacun des côtés, à hauteur de l'entretoise
du milieu, un échafaudage de deux chantiers.
Baisser (avec ménagement) le derrière du châssis pour dégager la cheville-ouvrière du lisoir;
enlever la cheville-ouvrière. Placer sous l'un
des côtés du châssis deux lambourdes perpen-
diculaires à la direction du châssis, et engagées
de 50 centimètres environ sous le châssis.

Enlever (avec le cric) les chantiers du côté
des lambourdes et faire porter le côté du châssis
sur les lambourdes. Exhausser successivement
l'échafaudage placé sous l'autre côté du châssis,
en soulevant le côté avec le cric (si l'on n'a pas
beaucoup d'hommes) et calant le châssis avec
des leviers pour l'empêcher de glisser. Mettre le

châssis debout, et le coucher ensuite sens dessus dessous sur les deux lambourdes, en procédant
par les moyens inverses (agir avec précaution
et veiller à la bonne disposition des échafaudages
successifs qui recevront le châssis); la manœuvre
se fait à bras, avec une dizaine d'hommes. Amener le châssis sur les lambourdes vers le milieu
de la plate-forme, le lisoir du côté opposé à
l'épaulement.

Dresser la chèvre (modèle 1840) au-dessus du
milieu du châssis; équiper à deux brins. Passer
une élingue ou la chaîne d'équipement sous
l'entretoise du milieu et y accrocher la poulie
enchapée. Monter le châssis.

Mettre en place sur le porte-corps les coussinets de devant et de derrière de châssis et le
tasseau de directrice (n° 16). Charger la directrice sur le porte-corps, la queue dans l'encas-
trement du coussinet de devant, la partie
antérieure supportée par le tasseau, de manière
que la directrice soit maintenue par les deux
encastrements entre les quatre trous de boulons.

Disposer le porte-corps sous le châssis et
descendre ce dernier le lisoir en avant, les côtés
portant sur les entailles latérales des coussinets.
Brêler le châssis avec quatre cordages contre
les brancards du milieu. Compléter le chargement avec les deux roulettes placées entre les
deux côtés, le plus en avant possible, les chapes
s'appuyant contre le lisoir. Le poids total du
chargement est de 2,400 kilogrammes environ.
On peut y ajouter facilement les armements
d'une pièce.

Charger l'affût marin sur le porte-corps.

32. *Agrès* : 1 chèvre (modèle 1840) avec ses agrès ordinaires. — 4 traits à canon, — 1 prolonge. — 2 ou 3 jarretières. — 1 coussinet mobile analogue au coussinet pour affût de côte. — 2 planches ayant pour longueur l'écartement des flasques.

Procéder comme il est prescrit pour charger l'affût de côte sur le porte-corps (n° 30); le devant de l'affût portant sur un coussinet fait à la demande de l'affût (bois blanc). Compléter le chargement avec les objets suivants, placés entre les flasques et retenus en avant et en arrière par des planches.

Affût de 16ᵉ. — 1 caisse aux armements avec chargement complet. — 1 rouleau de manœuvre. — 1 civière de chargement. — 2 leviers à galets d'affût marin. — 4 anspects. — 2 palans. — 4 piquets de palans. — 2 coins de recul. — 1 écouvillon-refouloir. — 1 grand écouvillon. — 1 grand refouloir. — 2 bailles. — 2 seaux à incendie. — 1 sac à charges. — 1 sac à étoupilles. — 2 sacs à éponges. — 1 coiffe de culasse et 1 couvre-bouche. — 1 planchette de chargement. — 2 crochets de déchargement. — 1 sole mobile. — 1 coussin. — 2 coins de mire.

Affût d'obusier de 22ᵉ. — 1 caisse aux armements. — 1 rouleau de manœuvre. — 1 civière de chargement. — 1 levier à galets d'affût

marin. — 4 anspects. — 2 palans. — 4 piquets
de palans. — 2 coins d'arrêts. — 1 écouvillon
à cuiller. — 1 refouloir. — 1 baille. — 2 seaux
à incendie. — 1 gargoussier. — 1 sac à étoupilles. — 1 sole mobile. — 1 coussin. — 2 coins
de mire.

Affût de 19ᶜ. — 1 caisse aux armements. —
1 boîte aux obturateurs. — 1 rouleau de manœuvre. — 1 civière de chargement. — 2 leviers
à galets. — 4 anspects. — 2 leviers. — 2 palans.
— 4 piquets de palans. — 1 écouvillon. — 1 refouloir. — 1 grand écouvillon. — 1 grand refouloir. — 2 bailles. — 2 seaux à incendie. —
1 gargoussier. — 1 sac à étoupilles. — 2 sacs
à éponges. — 1 coiffe de culasse et 1 couvre-
bouche. — 1 planchette de chargement. —
2 crochets de déchargement. — 2 soles mo-
biles. — 1 coussin. — 2 coins de mire. — 1 vis
de pointage et son coussinet.

Les menus objets sont placés dans les bailles.
Tout le chargement est brêlé et amarré avec
soin.

Monter le canon de 19ᶜ sur l'affût.

1° Avec 2 chèvres (modèle 1840).

33. *Agrès :* 2 chèvres (modèle 1840) avec leurs
agrès ordinaires, plus 2 poulies enchapées. —
3 traits à canon. — 1 élingue de volée. —
1 rouleau de culasse garni.

Dresser une des chèvres au-dessus du rouleau de culasse, l'autre au-dessus du milieu de la volée; les équiper à quatre brins. Accrocher les poulies de la chèvre de volée à l'élingue doublée, passée sous la volée. Accrocher les poulies de la chèvre de culasse chacune dans une couronne formée avec un trait à canon autour du rouleau de culasse (qui doit sortir de 30 centimètres environ). Assurer les hanches et les pieds de chèvre avec les précautions ordinaires, après s'être assuré que que les brins des chaînes se tendront verticalement. — Manœuvrer aux deux chèvres, de manière à maintenir l'axe de la pièce horizontal.

2° Avec une chèvre (modèle 1875).

34. *Agrès* : 1 chèvre, pourvue de ses agrès ordinaires et d'une poulie enchapée double. — 1 chaîne d'équipement (modèle 1875) ou agrès de circonstance équivalents (n° 12).

Équiper la chèvre à quatre brins. — On peut aussi se contenter d'équiper à trois brins avec le canon de 19° (modèle 1864-1866), mais dans le cas seulement où l'on ne possède pas de poulie enchapée double. Équiper la pièce de la chaîne d'équipement (modèle 1875) (voir n° 9) ou des agrès de circonstance (n° 12).

QUATRIÈME PARTIE.

ARMEMENT DES OUVRAGES PAR LES MURS DE GORGE, LES TALUS OU LES RAMPES.

Monter une pièce, un affût de côte ou un châssis de côte au moyen de la chèvre à haubans.

Monter une pièce (obusier de 22^c) sur un plan incliné avec la chèvre équipée en cabestan.

Monter et descendre une pièce au moyen de la chèvre (modèle 1875) à haubans.

(Voir l'instruction sur les manœuvres de la chèvre (modèle 1875), nᵒˢ 16, 17, 18, 19, 20 et 21.)

35. *Agrès :* 1 chèvre (modèle 1875), avec ses agrès ordinaires. — 2 leviers de manœuvre. — 2 leviers de monte-charge pour chèvre à haubans. — 1 arrêt de chaîne. — 1 masse ferrée. — 2 haubans (câbles de sonnette). — 1 contre-hauban (prolonge double). — 3 maillets. — 2 chantiers. — 2 demi-chantiers. — 8 piquets de haubans. — 2 grands rouleaux. — 6 grandes cales. — 1 palan. — 1 cric de 5,000 kilogrammes avec son plateau.

1° Monter la pièce.

La pièce est sur des chantiers ou sur le porte-corps, parallèlement au mur.

Construire la plate-forme et planter les piquets de haubans, de contre-hauban et de retraite. Dresser la chèvre et équiper à deux brins. — Disposer la pièce de manière que l'axe des tourillons corresponde à la tête de la chèvre. — Si la pièce est sur le porte-corps, placer, sur le porte-corps contre la pièce, deux lambourdes debout s'appuyant d'autre part contre le mur pour former un plan incliné. — Monter la pièce jusqu'à ce qu'elle soit à 20 centimètres environ au-dessus de la plate-forme.

Pour amener la pièce : la faire tourner (en empêchant les brins de la chaîne de se tordre, au moyen d'un levier engagé entre les brins) jusqu'à ce qu'elle soit dans l'axe de la plate-forme, la culasse du côté opposé au fossé. — Placer un rouleau sur le bord du mur et le caler du côté du fossé. — Placer un deuxième rouleau sous la culasse. — Tirer la pièce en arrière avec un palan de retraite accroché à la chaîne d'équipement, jusqu'à ce que l'axe des tourillons soit un peu en arrière du rouleau de devant. — Faire descendre la pièce sur les rouleaux, et la tirer en même temps en arrière jusqu'à ce que la chaîne de la chèvre ou la poulie enchapée touche la chèvre; caler les rouleaux. — Déséquiper la pièce. — Achever d'amener la pièce en l'attirant avec le palan de retraite accroché à un trait à canon qui entoure le renfort, si la pièce n'a pas de bouton de culasse.

2° Descendre la pièce.

Conduire la pièce sur des rouleaux (n° 20) dans l'axe de la plate-forme. — La pousser, tout en la maintenant avec un palan de retraite qu'on laisse filer jusqu'à ce que les tourillons soient à 10 centimètres environ du bord du mur. Le rouleau doit se trouver à ce moment sous les tourillons (pour arriver à ce résultat, on déplace au besoin le rouleau de volée une ou deux fois, en soulevant la volée au moyen de la chèvre). Équiper la pièce de sa chaîne d'équipement, et y accrocher la poulie enchapée. — Manœuvrer au monte-charge pour tendre la chaîne et laisser filer au palan de retraite à mesure que la chèvre tire la pièce en avant.

Faire passer la pièce (en empêchant les brins de la chaîne de se tordre) et la disposer parallèlement au mur. — On descend alors la pièce sans difficulté. — Si l'on veut charger directement la pièce sur le porte-corps, on forme avec deux lambourdes appuyées contre le mur un plan incliné sur lequel la pièce glisse pour se rendre à son poste.

Dans les deux manœuvres que l'on vient de décrire sommairement, on est obligé de porter sur le côté la civière à chaîne pendant qu'on amène ou qu'on passe la pièce. Un homme doit être chargé d'empêcher la chaîne de traîner, et de s'engager dans les autres chaînes; toutes les fois qu'on manœuvre pour descendre, il doit s'assurer que les mailles se présentent bien dans le barbotin et que la chaîne n'est pas pincée par la poulie où par les brins qui s'y rendent, que l'on peut d'ailleurs facilement écarter du monte-charge, en plaçant un levier en travers sous les deux hanches, un peu au-dessus du barbotin [1].

Monter et descendre un affût de côte (ou un affût marin) au moyen de la chèvre à haubans.

36. *Agrès* : 1 chèvre (modèle 1875), et les agrès énumérés pour la manœuvre précédente.

Amener le porte-corps chargé de l'affût au-dessous de la chèvre, parallèlement au mur et le plus près possible.—Habiller l'affût avec une prolonge comme il est prescrit pour monter l'affût sur le châssis (n° 29). Accrocher la poulie aux brins de la prolonge près de l'entretoise supérieure de devant. — Attacher un cordage de retraite à la queue de l'affût et un à l'essieu du côté opposé au mur. — Monter l'affût, en retenant aux cordages de retraite pour adoucir le frottement contre les roues du porte-corps et contre le mur. — L'affût s'élève ainsi la crosse en bas.

---

[1] Il est utile de rappeler que la chèvre (modèle 1875) à haubans ne doit pas être manœuvrée avec des fardeaux dont le poids dépasserait 5,000 kilogrammes.

Pour amener l'affût, lorsqu'il est plus élevé que la plate-forme, lui faire exécuter un quart de conversion de manière à avoir la crosse au-dessus de la plate-forme. — Accrocher un palan de retraite à un cordage attaché à l'entretoise de mire ; agir au palan jusqu'à ce que les flasques touchent presque le deuxième épars. — Faire porter la crosse sur un rouleau calé du côté du fossé, et placer sur le bord du fossé un deuxième rouleau calé également du côté du fossé. — Manœuvrer pour descendre l'affût, en tendant simplement le cordage du palan de retraite. — L'affût arrive ainsi sur la plate-forme: dès qu'il porte sur le rouleau du bord du fossé, décrocher la poulie et agir au palan de retraite pour amener complétement l'affût.

On descend un affût de côte par les moyens inverses.

Monter et descendre le châssis de côte avec la chèvre à haubans.

37. *Agrès :* Comme pour les manœuvres précédentes; en outre, une grande élingue de canon de 19°.

Amener le porte-corps chargé du châssis (n° 31) au-dessous de la chèvre, parallèlement au mur, et le plus près possible, l'entretoise du milieu correspondant à la tête de la chèvre. — Passer une élingue (de volée de canon de 19°) sous l'entretoise du milieu; y accrocher la poulie enchapée. — Attacher un cordage de retraite à chaque extrémité de châssis.— Monter le châssis et l'amener suivant les principes prescrits pour amener la pièce (n° 35).

On descend le châssis d'après les principes prescrits pour descendre la pièce (n° 35), en accrochant la poulie enchapée à une élingue passée sous l'entretoise du milieu.

Monter un obusier de 22ᶜ ou un canon de 19ᶜ sur un plan incliné, au moyen de la chèvre équipée en cabestan.

1° Obusier de 22ᶜ.

38. *Agrès :* 1 chèvre (modèle 1840), sans son pied. — 7 piquets de haubans. — 2 masses ferrées. — 1 poulie enchapée. — 1 câble de chèvre. — 5 traits à canon. — 1 jarretière. — 1 chaîne d'équipement. — 8 leviers. — 2 chantiers. — 2 grands rouleaux. — 4 bouts de madrier. — 1 maillet. — 2 ou 3 billots. — 1 piquet en fer. — Lambourdes (4 au moins) suivant la hauteur du talus. — Savon noir ou muciline (2 kilogrammes environ) — 2 pelles et 2 pioches.

Douze hommes et un sous-officier sont nécessaires.

Établir l'obusier sur deux chantiers au pied du plan incliné, parallèlement au pied du talus.

Placer dans le sens de la pente du plan incliné deux lambourdes correspondant au milieu de la volée et au milieu du renfort; placer à la suite deux lambourdes recroisant les premières de 10 centimètres et continuer ainsi jusqu'au

6,

sommet du talus. Enduire la face supérieure
des lambourdes d'une forte couche de savon
que l'on arrosera pendant la manœuvre (à défaut de savon, mouiller fortement). Il serait
inutile d'employer de la graisse, car on ne di-
minuerait pas le frottement d'une manière
sensible. — Équiper l'obusier de la chaîne d'é-
quipement. — Accrocher à l'anneau de suspension de derrière la poulie enchapée, dont on
fixe les crochets au moyen d'une jarretière. —
Engager le câble jusqu'au milieu dans la poulie.

Coucher la chèvre, le premier épars en dessus, au sommet du plan incliné (sur le terre-
plein, s'il s'agit de monter la pièce par un talus
de rempart), la tête du côté opposé à la pente,
l'axe correspondant au derrière des tourillons.
Exhausser les hanches sur deux chantiers placés
entre le treuil et le premier épars pour que le
treuil puisse tourner librement. — Planter contre le troisième épars, dans l'angle formé avec les
hanches, deux piquets de haubans. — Amarrer
le sommet de ces piquets au pied de piquets de
retraite, au moyen de traits à canon doublés et
fortement tordus avec des billots que l'on fait
porter sur les hanches. — Amarrer l'anneau
de la plaque d'assemblage au pied d'un piquet
de retraite au moyen de deux traits à canon
doublés et tordus fortement ensemble avec un
piquet en fer, que l'on enfonce en terre en
l'inclinant du côté opposé de la chèvre. — Tous
les piquets de retraite ne doivent pas dépasser
le sol de plus de 20 centimètres.

Équiper la chèvre avec le câble, et, à cet

effet, passer chacun des bouts *sous* le treuil; faire deux tours avec chacun en allant du milieu du treuil vers les disques. — Appliquer *deux* hommes à chaque retraite. — Tendre les brins en ramenant les retraites contre les disques. — Placer, sous la partie du câble qui va à la pièce, deux rouleaux, l'un au sommet du talus, l'autre à 2 mètres environ plus bas, reposant sur des bouts de madrier.

Manœuvrer au treuil avec huit hommes agissant au moyen de quatre leviers. Serrer, en commençant, les tours du câble avec un maillet. — Dès que les brins se tendent, leur donner, sur les deux rouleaux, un écartement au moins égal à celui des deux retraites.

Avec huit hommes au treuil et deux hommes à chaque retraite, on monte l'obusier sur un talus de rempart.

Pour amener la pièce sur le terre-plein (le bout des hanches doit être à un mètre au moins du sommet du talus), disposer les deux dernières lambourdes de façon qu'elles dépassent de un mètre environ la crête du talus; lorsque la pièce arrive au sommet, elle fait basculer les lambourdes, qui lui servent ainsi de chantiers (*manœuvrer lentement*).

On descend une pièce par un talus d'après les mêmes principes et par les moyens inverses.

Pour passer la pièce du terre-plein sur le talus, l'établir sur deux lambourdes qui débordent sur le talus de 1ᵐ,50 environ. — Attacher la pièce au treuil par le câble (comme pour la manœuvre précédente), les deux retraites se touchant au milieu du treuil. — Faire rouler la pièce avec des leviers, en déroulant en même temps au treuil sans cesser de tendre les brins de câble jusqu'à ce que la pièce bascule.

Pour vider le treuil (s'il y a lieu), soit en montant, soit en descendant la pièce, embrasser chaque câble avec un trait à canon par un nœud d'artificier, à 3o centimètres environ du treuil du côté du fardeau; croiser les deux brins du trait à canon sur le câble, en faisant trois ou quatre tours en se rapprochant du treuil, et les fixer par un nœud droit au deuxième épars. Avoir soin de donner aux traits à canon la direction que l'on veut donner à la retraite. — Manœuvrer pour descendre jusqu'à ce que le poids du fardeau porte sur les traits à canon. — Vider le treuil en disposant les retraites près des disques ou près du milieu du treuil, suivant que l'on monte ou que l'on descend la pièce. — Manœuvrer pour monter, et détacher les traits à canon dès qu'ils ne portent plus.

Si l'on a suffisamment de cordages à sa disposition, on peut vider le treuil par un autre procédé. — Réunir deux traits à canon bout à bout par un nœud de tisserand; embrasser le deuxième épars avec le milieu du cordage ainsi formé; ramener les deux brins doublés de l'autre côté du treuil et embrasser le câble par une demi-clef; tourner les deux brins ensemble à plat autour du câble dans le sens de la torsion des torons du câble; faire ainsi cinq ou six tours; maintenir le bout du double trait à canon appliqué sur le câble en le serrant soit avec la main, soit avec une ligature en ficelle. Exécuter le reste de la manœuvre comme il vient d'être indiqué. — En employant ce procédé, le câble a moins de chances de glisser et le fardeau redescend peu.

2° Canon de 19°.

39. *Agrès* : Les mêmes que pour l'obusier de 22°; en outre :

Un deuxième câble. — 2 élingues. — 4 traits à canon. — 1 jarretière. — 2 prolonges simples. — 4 piquets de haubans. — 2 crics de 5,000 kilogrammes.

Quatorze hommes et l'instructeur sont nécessaires.

Procéder comme il est prescrit pour l'obusier, sauf les modifications suivantes :

Équiper la pièce avec deux élingues, l'une en avant, l'autre en arrière des tourillons; relier ces élingues entre elles au moyen de deux ou trois traits à canon pour en maintenir l'écartement. — Accrocher une poulie enchapée à chacune des élingues et maintenir les crochets avec une jarretière. Chacune des élingues peut être remplacée par une prolonge entourant quatre fois la pièce et dont les deux bouts sont arrêtés ensemble par un nœud droit.

Planter de chaque côté et près de la chèvre deux piquets de haubans (l'un vers la tête de la chèvre, l'autre à hauteur du deuxième épars), alignés sur les tourillons de la pièce. — De chaque côté : fixer le bout d'un câble par un nœud d'artificier au piquet qui est à hauteur de la tête de la chèvre; tendre le câble; faire un tour autour du piquet qui est à la hauteur de la tête du deuxième épars; passer le câble dans la poulie enchapée de son côté et faire deux tours autour du treuil, de dessous en dessus. Appliquer deux hommes à chaque retraite. — Placer deux rouleaux sous les brins qui vont au treuil, et faire porter les deux autres brins au sommet du talus sur des leviers placés en travers sur le sol.

Il faut, pour le succès de la manœuvre, que les lambourdes soient disposées avec beaucoup de soin pour que les bouts ne s'enfoncent pas dans la terre aux recroisements. — On remplacera toutes les fois qu'on le pourra les lambourdes par deux longrines de 0^m,20 d'équarrissage environ et ayant la longueur du talus. — Le bout des longrines ne dépassera pas le sommet du talus pour qu'on puisse amener ou passer la pièce facilement.

Pour amener la pièce, procéder comme pour l'obusier.

Pour passer la pièce, lorsqu'elle est parvenue en roulant jusqu'à 20 ou 30 centimètres du sommet du talus, l'accrocher à la chèvre et tendre les câbles; pousser les pièces avec deux crics inclinés, appliqués l'un contre un rouleau de culasse, l'autre contre un rouleau introduit par la bouche; manœuvrer en même temps avec précaution à la chèvre pour descendre, en conservant les câbles tendus.

On ne doit pas monter le canon de 19ᶜ avec
la chèvre couchée sur des talus ayant une inclinaison plus roide que celle de 1/2 et l'on doit
toujours s'assurer que les câbles dont on fait
usage sont en bon état. — S'il s'agissait de
talus plus roides que 1/2, il serait prudent d'employer des câbles plus forts que des câbles de
chèvre.

Nota. On monte et l'on descend par les
talus des pièces relativement légères, telles que
le canon de 138 mill., avec une grande facilité,
en adoptant le dispositif qui vient d'être indiqué.
Dans ce cas, un simple brin de câble est assez
fort pour monter la pièce; on fait trois tours au
treuil et l'on met deux hommes à la retraite.

Cette disposition est aussi fort utile pour
monter une pièce par une rampe d'armement
sur des rouleaux.

Il est inutile de dire que l'on monte des
affûts ou des châssis par des talus aussi facilement que les pièces.

RENSEIGNEMENTS
SUR
LES POIDS DU MATÉRIEL EN FONTE
ET
DES AGRÈS EMPLOYÉS À LE MANŒUVRER.

Bouches à feu.

	Poids.
Canon de 16ᵉ, modèle 1858-1860....	3,600 kilogr. environ.
Canon de 16ᵉ, modèle 1864-1866	5,000
Canon de 16ᵉ, modèle 1870	"
Obusier de 22ᵉ, en fonte frettée......	3,700
Canon de 19ᵉ, modèle 1864-1866....	8,000
Canon de 19ᵉ, modèle 1870.........	"

Affûts.

Affût marin de canon de 16ᵉ, modèle 1858-1860 (avec roues)..........	500
Affût marin d'obusier de 22ᵉ (avec roues).............................	1,100
1 roue d'affût marin d'obusier de 22ᵉ.	45
Affût marin irrégulier de 19ᵉ, modèle 1864-1866.........................	1,500
Affût marin à flèche de canon de 19ᵉ, modèle 1864-1866...........	"
Affût de côte, en fonte, avec rouleaux	1,855
1 flasque, en fonte.,...............	575
1 rouleau, en fonte...............	90
1 essieu, en fonte.................	70
1 entretoise de devant, en fonte	30
1 entretoise de crosse, en fonte.....	85
1 entretoise de mire, en fonte	300
1 châssis d'affût de côte...........	2,395
1 côté de châssis	620
1 entretoise du milieu, en fonte	210
1 entretoise de derrière, en fonte...	140
1 directrice, en fonte..............	340
1 lisoir, en fonte.................	"
1 roulette, en fonte...............	50
1 chape de roulette, en fonte........	30
1 sellette d'affût de côte, en fonte...	250

Poids.

Poids total du châssis, de l'affût et
du canon de 16° .... 8,470 kilogr. environ.

Agrès et armements.

1 chèvre, modèle 1875............... 317
1 pied, modèle 1875................ 62
1 monte-charge à barbotin......... 160
1 poulie enchapée simple, de chèvre,
  modèle 1875,................. 55
1 poulie enchapée double........... 70
1 chaîne calibrée de 25 mètres...... 159
1 chaîne calibrée de 34 mètres...... 222
1 piquet en fer................... 11
1 civière à chaîne............... 56
1 grand cric de 5,000 kilogrammes. 60
1 petit cric.................... 36
1 chaîne d'équipement, modèle 1851. 50
1 chaîne d'équipement de canon
  de 19°..................... 100
1 rouleau de culasse 20
1 masse ferrée pour chèvre........ 8
1 levier de rouleau.............. 11
1 levier à galets d'affût marin...... 23
1 levier à galets d'affût de côte 13
1 caisse aux armements de canon de
  16° avec son chargement........ 69
1 caisse aux armements d'obusier
  de 22°..................... 58
Appareils de pointage d'affût marin
  de 16° ensemble.............. 50
Appareils de pointage de côte 65
Appareils de pointage d'affût marin
  d'obusier 60
Appareils de pointage de canon de 19° 100

TABLE DES MATIÈRES.

INSTRUCTION

SUR

LES MANŒUVRES DE LA CHÈVRE DE PLACE N° 1

(modèle 1875).

ARTICLE PREMIER.

MANŒUVRES DE LA CHÈVRE DRESSÉE SUR SON PIED.

ARTICLE II.

MANŒUVRES DE LA CHÈVRE À HAUBANS.

RENSEIGNEMENTS SOMMAIRES

SUR

LES MOUVEMENTS DE MATÉRIEL

RELATIFS AUX BOUCHES À FEU LOURDES.

TABLEAU RÉCAPITULATIF

DES AGRÈS NÉCESSAIRES À L'EXÉCUTION DES MANŒUVRES QUI FONT L'OBJET DE L'INSTRUCTION.

DÉSIGNATION DES MANŒUVRES.

- La pièce à terre, l'établir sur des chantiers
- Conduire une pièce sur des rouleaux
- Conduire un affût marin sous la pièce
- Conduire un affût marin chargé de la pièce
- Monter le canon de 16e (modèle 1855-1860) ou l'change de 22e sur l'affût ou sur le porte-corps (b)
- Monter le canon de 16e sur l'affût de côte ou sur le porte-corps (b)
- Monter l'affût de côte sur le châssis ou sur le porte-corps (b)
- Charger l'affût marin sur le porte-corps (b)
- Charger le châssis de côte sur le porte-corps (b)
- Monter le canon sur l'affût marin — avec deux chèvres
- Monter le canon sur l'affût marin — avec une chèvre
- Monter une pièce avec la chèvre à haubans
- Monter un affût marin ou un affût de côte avec la chèvre à haubans
- Monter un châssis de côte avec la chèvre à haubans
- Monter une pièce par un talus avec la chèvre équipée en cabestan
- Composition d'un équipage pour mouvements de gros matériel

OBSERVATIONS.

(a) L'outillage contenu dans la civière pour chaîne calibrée comprend :

Burettes à huile	2
Clefs anglaises	2
Ciseaux à froid	1
Marteau-rivoir	1
Tricoise	1
Boîte à graisse	1
Burette de machiniste	1
Gamelle à graisse	1
Pinceaux (gros)	2
Chasse-goupille	1
Chiffons lavés	»
Graisse verte	»
Huile d'olive	»

(b) On donne la composition des agrès en se servant de la chèvre (modèle 1860). — Si l'on faisait usage de la chèvre (modèle 1878), il faudrait prendre les mêmes agrès que pour monter le canon de 19e (en remplaçant la chaîne d'équipement, modèle 1878, par une élingue dans le cas du châssis) et la poulie double par une poulie simple.

(c) A défaut de chaîne d'équipement (modèle 1878).

(d) Dans le cas du chargement sur le porte-corps.

(e) L'une ou l'autre, suivant le fardeau.

(f) Pour mémoire : ce sont les mêmes que les plateaux de chèvre.

www.ingramcontent.com/pod-product-compliance
Lightning Source LLC
Chambersburg PA
CBHW031731210326
41519CB00050B/6207